Rolf Kühn

Macht der Gefühle

HINBLICK

VERLAG KARL ALBER

Zu diesem Buch:

Rolf Kühn unternimmt eine grundlegende Besinnung über die Natur und die Wirkweise der Gefühle. Dabei ist maßgeblich, dass Gefühle nicht wie Gegenstände behandelt werden können, also letztlich auch nicht einer Interpretation oder Deutung unterliegen (wie in der Psychoanalyse), sondern eine ganz eigene innere *Macht* besitzen, nämlich die je eigene *Lebendigkeit* in der ganzen Dramatik subjektiven Empfindens zu offenbaren: von Liebe und Lust über Krankheit und Alter bis hin zur Hoffnung auf die eigene wie menschliche (Welt)Zukunft.

In 15 phänomenologischen Miniaturen geht es um menschliche Grunderfahrungen wie Freude und Vertrauen, aber auch um Verzweiflung und Hass. Dabei wird deutlich, dass Denken, Gesellschaft, Weltbild etc. jeweils nur *eine* Modalität des Lebens sind, während das Reich der Gefühle unendlich nuancierter und tiefer ist als alle Bereiche der Vorstellung.

Der Autor:

Rolf Kühn, Dr. phil. (geb. 1944); Univ.-Dozent für Philosophie in Wien, Beirut, Nizza, Lissabon, Freiburg/Br.; zahlreiche Veröffentlichungen zur Phänomenologie, psychologischen Anthropologie, Kultur- und Religionswissenschaft; Übersetzer der Werke Michel Henrys; Mitherausgeber der Reihe »Seele, Existenz und Leben« sowie des Jahrbuchs »psycho—logik« im Verlag Karl Alber; Leiter des »Forschungskreises Lebensphänomenologie« (www.michelhenry.de).

Rolf Kühn

Macht der Gefühle

Verlag Karl Alber Freiburg / München

Gedruckt auf alterungsbeständigem Papier (säurefrei)
Printed on acid-free paper

Originalausgabe

www.verlag-alber.de

Satz: SatzWeise Föhren
Umschlaggestaltung: Weiß-Freiburg, Graphik und Buchgestaltung
Umschlagmotiv: Bertram Walter, © Verlag Karl Alber
Druck und Bindung: fgb · freiburger graphische betriebe
www.fgb.de
ISBN 978-3-495-48313-8

Inhalt

IV. Loslösung

V. Zukunft des Lebens

»Der Grund fällt,
zufolge des bloßen Denkens
eines Grundes,
außerhalb des begründeten.«

Johann Gottlieb Fichte

Zur Einstimmung

Dieses Buch wendet sich nicht an Leser, die im Bereich der Gefühle nach »gesicherter Erkenntnis« suchen. Es handelt sich aber auch nicht um Literatur in dem Sinne, dass in fiktiver Erzählung Situationen des Menschseins heraufbeschworen werden, um dem Leser dann die Übertragung auf sein eigenes Leben durch die Identifikation mit Figuren oder Charakteren zu überlassen. Denn dieses Buch will nur die *Gefühle* als solche selbst phänomenologisch zur Sprache kommen lassen, ohne sie auf dem Hintergrund eines vorgegebenen Wissens oder narrativer Geschichten anzuordnen.

Im Idealfall spricht daher in den jeweils folgenden kurzen Texten das Gefühl selbst, und zwar ausschließlich so, wie es sich kraft seiner *inneren Lebendigkeit* fühlt, oder noch genauer: wie es im Leben aus dem Leben als sich selbst empfindendes Gefühl hervortritt und uns auf diese Weise je grundlegend affiziert. Dass einer solch ursprünglichen Hervorbringungsweise weder irgendeine Wissenschaft noch die Literatur oder auch die Philosophie ganz gerecht wird, liegt auf der Hand. All diese jeweils geschichtlich gewordenen Disziplinen sind nämlich bereits für sich schon getrennt existierende Sprachsysteme, denen das Gefühl als lebendiges immer schon vorausliegt. Wenn wir dem Leser daher hier mitteilen, dass die »Beschreibung« der einzelnen Gefühle zunächst ohne jede Absicht einer systematischen Ordnung entstanden ist, dann allein deshalb, weil sich darin die anfängliche Schreibsituation selbst ausdrückt, über das je einzelne Gefühl zum genannten »Ort« seiner ureigensten Hervorbringung vorzustoßen.

Sicherlich waren hier und da auch Begegnungen oder besondere Erlebnisse der konkrete Anlass, dieses oder jenes Gefühl zum »Gegenstand« einer solchen »Beschreibung« zu machen, welche allerdings – wie gesagt – dem einzigen Imperativ der inneren Wirktatsächlichkeit im jeweiligen Lebensgefühl gehorchte. Damit schälte sich konkret jene Gewissheit langsam heraus, dass kein Gefühl irgendeine äußere Anleihe bei Dingen, Fakten oder Kategorien benötigt, um sich selbst von innen her zu verstehen. Dieses »Selbstverständnis« des Gefühls als sein *Sich-selbst-Ergreifen* in der Mächtigkeit seiner grenzenlosen Weite wie Tiefe strahlte auf die Vorgehensweise der Beschreibung selbst zurück, nämlich immer stärker und verwunderter in die Feingliedrigkeit von Gegebenheiten einzutreten, die *keinerlei Weltcharakter* mehr haben – eben reines Empfinden in dessen absolutem Sich-selbst-Verspüren sind.

Dass das Ganze, wie zu hoffen ist, in keinen Sentimentalismus oder Irrationalismus abgleitet, sondern stattdessen die diamantene Schärfe wie vollkommene Transparenz der Gefühle zum Vorschein bringt, soll sich als Gewinn erweisen, welcher die besonderen Erscheinensweisen des Affektiven in seiner prinzipiellen Einheit deutlich werden lässt. Diese Einheit meint eben keinen Über-Blick, etwa im Sinne thematischer Verknüpfung, sondern die vom rein inneren Leben als solchem her ausstrahlende Gesamtorientierung, sofern jedem Gefühl die Möglichkeit gegeben ist, sich so zu offenbaren, wie es von sich selbst her erscheinen will und muss. Der Begriff des *Offenbarens* meint dabei zunächst keine theologischen Gehalte, sondern er will sprachlich die besondere Erscheinensweise des Gefühls vom sichtbaren *Sichzeigen* abgrenzen, wie Letzteres notwendigerweise allem Gegen-ständlichen anhaftet, um wahrgenommen werden zu können.

Ist daher der »Ort« des sich-offenbarenden Gefühls sein Fühlen selbst, dann kann dies eben kein Sichzeigen im Sehen eines Welthorizonts mehr sein, weil der »Ort« des Fühlens nichts anderes als dieses Fühlen selbst ist. Auf diese Weise verschwand immer mehr auch die schwer aufzuhebende Vor-stellung eines *Ortes* für das Erscheinen des Gefühls in seinem Sich-Offenbaren, um über die innere Bewegung eines jeden Gefühls dessen *Grund* im Leben umso unverstellter ankünftig werden zu lassen. Aber auch dieses »Deutlicherwerden« ist keineswegs ein Sichzeigen des Grundes für eine distanzierte Schau von außen mehr, sondern vielmehr unser eigenes *Hineingezogenwerden* in den Grund selber als jener »Wirklichkeit«, die nicht irgendwo und irgendwann zum Vorschein käme, sondern allein mit jedem Gefühl selbst »ist«, *indem* es sich fühlt. Dies drücken wir mit dem Begriff *Affektion* im Weiteren aus, die selbst in der *Lebens-Passibilität* gründet, das heißt in dem phänomenologischen Sachverhalt für uns, das »Leben« erst selbst rein empfangen zu müssen, bevor wir es in seiner Kraft leben können.[1] Was also wie eine Art Schreib-

[1] Da der Begriff der *Passibilität* als Grundbegriff in unserem Text immer wieder in Anspruch genommen wird, ist er schon hier von einem rein psychologischen Verständnis der *Passivität* abzugrenzen, womit nur ein Zustand gehemmter oder fehlender Aktivität gemeint ist. Die radikal phänomenologisch betrachtete »Passibilität« entzieht sich einem solchen Gegensatz von Aktivität/Passivität und bezeichnet die absolute *Empfängnis* des je individuellen Lebens im Augenblick seines Geborenwerdens in diesem Leben. Da Letzteres ständig gegeben bleiben muss, damit wir überhaupt zu leben und existieren vermögen, ist auch die Passibilität in jedem Augenblick unseres Lebens weiterhin vorauszusetzen, und zwar als jene *Kraft des Lebens,* welche uns zugleich in der (passiblen) Empfängnis des Lebens verliehen wird. In diesem Sinne lässt sich auch von einer *Trans–passibilität* des Lebens sprechen, welche als ursprüngliche Lebensgegebenheit all unsere Vermögen affiziert und mithin einen Rückgang vom nur vorgestellten Ich zum »passiblen Mich« erlaubt, welches unsere eigentliche Individuierung oder Selbstwerdung *(Ipseität)* beinhaltet. Der Begriff der *Ur-passibilität* verdichtet all diese ursprünglichen Gegebenheitsweisen des rein phänomenologischen oder absoluten Lebens, indem dabei auch auf die grundlegende Einheit von Leben

übung begonnen hatte, um eine Sprache *vor* allen Disziplinen zu erproben (da auch die Menschen zunächst *vor* allem besonderen Wissen schon *leben*), erwies sich schließlich als eine Hinführung oder Eigenbewegung zum *Ortlosen* des Grundes, der nur durch diese Ortlosigkeit zum wirklichen »Grund« wird, nämlich ohne jeden Bezug zu irgendeinem *Warum* zu sein. Gewiss steigen an solcher Stelle dichterische wie mystische Parallelen auf, etwa Meister Eckhart, Angelus Silesius oder Novalis, bzw. auch denkerische Grundeinsichten wie bei Husserl, Heidegger und Michel Henry. Aber der radikal phänomenologische Einsatz beim reinen Gefühl in seinem ausschließlichen Selbstfühlen hat letztlich auch diese literarischen Referenzen zu verlassen, weil er sie weder diskursiv bestätigen noch widerlegen will, sondern allein *sich selbst* verpflichtet bleibt. Ohne Zweifel ist dabei das *Sich* einer solchen »Selbstbesinnung« eine Individualität im Sinne einmaliger, unvergleichbarer Lebendigkeit – aber ist es noch Mensch, Person oder Ich in irgendeinem bloß anthropologischen, reflexiven oder sozialen Sinne? Daher sprechen wir von *Ipseität* (lateinisch: *ipse*), um solches »Sich« nicht mit einer irgendwie vorgestellten »Selbstheit« zu verwechseln.

Diese sich immer deutlicher herauskristallisierende Abwesenheit auch aller geläufigen Identitätsvorstellungen impliziert daher zugleich, dass die Gefühle zunächst von keiner vorgegebenen *Ethik* her mehr beurteilt werden. Sie sind folglich ebenso absolut wie autonom in ihrem jeweiligen Grund als Erscheinen, insofern der Grund nicht »hinter« der Erschei-

---

und Leib als *Fleisch* verwiesen wird, so dass wir gerade in unseren leiblichen oder sinnlichen Vollzügen stets auf dieses Grundverhältnis eines notwendigen »Sich-Ertragens« oder »Sich-Erleidens« des Lebens hingewiesen werden. Letztlich gehen alle Gefühle als Schmerz und Freude mithin auf diese (Ur-)Passibilität im Leben selbst zurück, so dass auch – mit dem Titel dieses Buches – von der gründenden »Mächtigkeit der Gefühle« gesprochen werden kann. Vgl. ebenfalls M. Henry 2002, Kap. 33 u. 45, sowie Henry 2005, S. 25 ff.

nensweise der Gefühle gegeben ist, sondern sich darin selbst gibt. Jede Ethik als Norm oder Reflexion über Verantwortung und Pflicht beinhaltet eine Distanz in sich, welche nicht jene *Kraft* selbst ist, durch die ein Gefühl *als* Handlungsmotivation selbst effektiv wird. Alle ethischen Konflikte rühren aus dieser Distanz her, während die unmittelbare Verknüpfung von Gefühl/Leben bereits das innere *Ethos* des Lebens als solchem enthält, nämlich sich selbst und Andere im jeweiligen Lebendigsein zu stärken und wachsen zu lassen. Die in sich stimmige »Gewissenswahrheit« ist somit nichts anderes als die unmittelbar wirklich gewordene Erprobung eines solchen Gefühls der »Versöhnung« mit dem Leben, wie es bei Hegel hieße.

Im Sinne des zuletzt Gesagten kennt deshalb dieses kleine Buch auch keine psychologischen, moralischen oder existentiellen Anweisungen zu einem »richtigen Umgang« mit den Gefühlen. Denn wenn jeder *einmalig* Empfindende selbst die *unverwechselbare* Einheit von Lebens- und Gefühlsgrund in sich trägt oder sogar *ist,* dann bildet er – kraft dieser Ausstattung mit dem absoluten Erscheinen – auch das *eigene* Kriterium für solches Empfinden und seine Folgen. Die einzelnen Gefühlsbeschreibungen auf der Grundlage solch prinzipieller Autonomie werden aber zugleich ebenfalls verständlich machen, dass solche Selbständigkeit oder »Freiheit« keineswegs die *Gemeinschaftlichkeit* mit allen Anderen aufkündigt – denn Letztere ruht mit gleichursprünglicher Gegebenheit im Grund des Lebens, welcher sich allen Lebendigen ohne irgendeinen Unterschied mitteilt.

Daraus erwächst eine Hoffnung dieses Buches, nämlich sozusagen ein *neues Organon* für unsere Zukunft bewusst zu machen. Wenn das erfahrungswissenschaftliche Organon der europäischen Tradition, wie es auf Francis Bacon, Galilei, Descartes und Newton vor allem zurückgeht, zu einer technischen Beherrschung führte, welche die originäre Wahrheit der Gefühle als »Subjektivität« immer mehr aus dem Erkenntnisvollzug ausgeschaltet hat, dann stehen wir heute ohne Zweifel vor einer Wende: Entweder wird dieser Prozess der Gefühlsanästhesie und -zerstörung bis zur letzten Stereotypie »globalisierten« Verhaltens fortgesetzt, oder es regen sich erneuerte Gefühlskräfte, welche keine gewalttätige Eruption wie in den Fundamentalismen unserer Zeit bedeuten, sondern zu einer innovativen *Gefühls- und Lebenskultur* insgesamt führen. Das heißt zu einer Kultur, in welcher das Gefühl nicht mehr länger den objektiven Prozessen und Institutionen des rein kalkulierenden Verwaltens und Wirtschaftens allein untergeordnet ist, sondern als Quelle aller Wertigkeit überhaupt anerkannt wird, um als *Ästhetik* im elementaren Sinne eben alle individuellen wie gesellschaftlichen Bereiche zu umfassen.

Die folgenden Gefühlsminiaturen greifen mithin im scheinbar minimalen Erscheinen jeweils Empfindungen auf, welche bereits das *Maximum des Lebens* in sich besitzen. Dieser Zusammenhang von Kleinstem und Größtem bildet infolgedessen eine Art »Einübung« in jene reine Gefühlswirklichkeit, welche die Welt revolutionieren könnte. Ist dies ein Phantasma oder eine Chimäre, um sich selbst zu betrügen? Wird allerdings bedacht, dass meist von einigen wenigen Menschen weltumspannende Bewegungen wie beispielsweise die Religionen ausgegangen sind, dann könnte dies ein Indiz dafür sein, dass innerste wahre Gewissheiten nicht von vornherein politischen oder zivilisatorischen Allheitsansprüchen unterlegen sein müssen.

Deshalb wird sich beim Erproben der Gefühle naturgemäß auch im Zusammenhang mit der Tiefe ihres Grundes ein Bezug zum göttlich Absoluten einstellen, wie immer man es dann religiös im Einzelnen weiterhin fassen sollte. Dass Gefühl und Absolutes vom Ursprung des Erscheinens her miteinander verbunden sind, ist ein zusätzlicher Wink dafür, dass das Gefühl eine Mächtigkeit bildet, die »Berge versetzen« kann. Möglicherweise ist unsere epochale Situation heute eine solche, dass der Allherrschaftsanspruch technischer Vernunft und die viel ältere Universalität subjektiver Gefühlswahrheit derart aufeinanderstoßen, dass eine zukunftseröffnende Lösung nur in einer erneuerten Anerkennung der notwendigen Unverzichtbarkeit des Gefühls als Kultur bestehen kann.

Solange diese Klärung interkulturell nicht erfolgt ist, werden die Konflikte als Ausbeutung, Ungerechtigkeit, Religions- und Terrorkriege weitergeführt werden, denn wo sollten sie versöhnt werden – außer in jenem »Recht«, dass das Empfinden eines Jeden »unantastbar« ist? Erst wenn solche »Würde« diesseits von Vernunft, Sprache und Gesellschaft für unsere Zeit anerkannt wird, kann sie auch in jedem Anderen ohne Verzug wieder erkannt werden, wodurch jeder Anlass zum Kampf dahinfällt. Es gibt dann nicht mehr »Herr und Sklave«, weil im Gefühl jedes Individuums dessen Ebenbürtigkeit grundgelegt ist und sich damit zugleich unmittelbar im sinnlichen »Fleisch« seiner Leiblichkeit für alle Anderen zu offenbaren vermag. Jemanden zu *berühren*, und zwar in den vielfältigen Bedeutungen dieses Wortes, heißt dann ohne Aufschub ebenfalls, ihn zu *achten*. Dieser »Imperativ« ist mithin über keine abstrakte Freiheitsvorstellung mehr vermittelt, sondern er ist jedem Gefühl – als fleischlichem – bereits unzerstörbar eingeschrieben.

Aus diesem Motiv heraus kann das vorliegende Buch mithin keine allgemeinen Imperative oder Weisungen aufstellen, sondern allein den Weg zu solcher Grundeinsicht anbieten. Jede Betrachtung zu einem bestimmten Gefühl bedeutet damit eine *Einübung*, welche für den Leser nur den Charakter einer Einladung zu besitzen vermag, *sich selbst* mit der unendlichen Kostbarkeit seines eigenen Empfindens vertraut zu machen. Denn ohne den geringsten sinnlichen Eindruck wäre *nichts* für uns gegeben – weder wir uns selbst noch eine Welt. Mithin geschieht dadurch das Entscheidende zu *jedem* Augenblick, nämlich Sein und Existenz als »Leben« – und nur als solches, dessen innere Gesamtbewegung wir *Historialität* nennen, um sie in ihrem rein affektiven Werden nicht mit einer zeitlich gedachten Geschichtlichkeit zu verwechseln. Denn jede Zeitlichkeit ist sekundäres Erscheinen in Bezug auf eine je ursprüngliche Affektion, wie sie sich in der Passibilität des Lebens innerlich herausbildet und verändert.

I.
FREUDE DES LEBENS

Liebe und Verliebtsein

Wenn uns das Verliebtsein in seiner ganzen Plötzlichkeit und Ausschließlichkeit ergreift, und zwar gleich in welcher Altersstufe, dann erscheint im Licht der sich damit unmittelbar einstellenden gegenseitigen Zugeneigtheit alles wie neu. Es tauchen bisher nie gesehene und geahnte Möglichkeiten an Verhältnissen und Situationen auf, die gar nicht vorausgedacht werden konnten, so dass jenes starke und glückliche Gefühl erwächst, *als erfände das Leben sich selbst neu.* Weil dies alles ebenso unvermutet wie überraschend hereinbricht, ergibt sich nicht nur ein Staunen über das so ganz Andere, sondern die Verliebten müssen sich ihrer gerade erwachten Liebe auch immer wieder versichern, weil kein Liebesbekenntnis in sich selbst die Garantie birgt, dass dieses Gefühl für immer sie bindet. So wechseln im Stadium der Verliebtheit die Botschaften des »Ich liebe Dich!« hin und her, weil diese Aussage unmittelbar jeweils die Frage impliziert: »Liebst Du mich (immer noch)?«

Der Briefwechsel zwischen Franz Kafka und Milena ist ein solcher der gegenseitigen Versicherung und des stets neuen Anfangs, und wir wissen im Grunde, dass weder die Schnelligkeit noch die Fülle solcher übermittelten Botschaften den Zweifel tilgen können, eventuell nicht (mehr) geliebt zu werden. Dennoch bricht mit dem Verliebtsein die unendliche Phantasie eines reicheren Lebens auf, ohne diese Sehnsucht in ein gesichertes Wissen überführen zu können. Verliebtsein ist damit die innere Gewissheit eines Gefühls, welches in der Eindeutigkeit seines Empfindens trotzdem ohne Hoffnungen und Erwartungen nicht möglich ist – und daher die notwendige *Wiederholung* der Liebesbekundungen in sich birgt. Dies macht die zarte Zerbrechlichkeit des Verliebtseins aus, aber auch das Beflügelnde und Erfrischende, welches allen neuen Gefühlen anhaftet, zumal wenn sie sich nicht sogleich und zu hart mit den tatsächlich existierenden Umständen zu konfrontieren haben, wie beispielsweise in der Jugendzeit.

Wann wird aus solchem Verliebtsein jene Liebe, die ein Mindestmaß an Dauer und Beständigkeit in sich enthält? Möglicherweise, wenn sich einige der neu eröffneten Perspektiven im beflügelten Miteinander wirklich realisieren lassen oder aus der ersten raschen Zuneigung das zunehmende Gefühl für die geliebte Person wächst, sie sei »die richtige«. Diese Entsprechung, die sinnlich, erotisch, geistig und praktisch im Einzelnen sein kann, oder im Glücksfall all dies zusammen umgreift, lässt mithin nicht nur die erahnten – oder auch erträumten – Möglichkeiten entstehen, sondern verwirklicht zugleich einige davon. Unser Leben, welches sich in der Verliebtheit wie neu ergreift, erlebt tatsächlich in der Liebe die Gesamtmöglichkeit allen Fühlens, Denkens und Handelns mit der jeweils anderen geliebten Person. Solch verwirklichte Möglichkeit in der Konkretheit der je vollzogenen Akte bezeugt daher in der gemeinsamen Unmittelbarkeit des Erlebten, dass mit der anderen Person *alle meine Gefühle* gelebt werden könnten, so wie ich meinerseits den Gefühlen des Anderen entspreche. In der Liebe käme somit die wesenhafte Liebe des Lebens zu sich selbst zum Ausdruck, welche darin besteht, dass es nichts von dem zurückbehalten will, zu dem es in seiner inneren Selbstbewegung fähig ist.

Die an sich unbegrenzten Potentialitäten des Lebens im Verliebtsein werden mit anderen Worten zu Vollzügen, die nicht nur vom Grund des Lebens getragen werden, weil sie sich darin notwendigerweise affizieren. Vielmehr treten »zwei Leben« auf dem Grund des jeweilig individuellen Lebens selbst in einen liebenden Austausch ein, um ein *gemeinsames Leben* zu werden. Was bedeutet solche Gemeinschaftlichkeit diesseits aller formalen Kriterien eines Zusammenseins als Gefühl, sofern jedes Gefühl in sich nur *individuell* sein kann, anders gesagt, niemals auch auf genau dieselbe Art und Weise ebenfalls bei Anderen gegeben ist? Stärker als das Verliebtsein, dem nichts von seiner verjüngenden wie wertschätzenden Kostbarkeit zu nehmen ist, stellt uns die Liebe in ihrer (relativen) Dauerhaftigkeit vor ein abgrundtiefes Geheimnis des Gefühls: dass nämlich umfassende Gemeinschaftlichkeit gefühlt wird, ohne jedoch jemals ein *identisches* Gefühl bei den Sichliebenden sein zu können. Jeder sagt: »Ich liebe Dich!« und meint damit dennoch ganz Unterschiedliches, was die jeweilig innere affektive Differenziertheit seines Gefühls anbelangt. Die Gemeinschaftlichkeit des Liebens kann daher letztlich nur besagen, dass in meine Weise des Fühlens der Andere immer so mit einbeschlossen ist, *dass ich ihn bei keinem einzelnen Gefühl meinerseits ausschließen muss.* Es bedeutet aber nicht, dass die Liebenden untereinander tatsächlich immer auch dieselben Gefühle hätten. Dies zu behaupten, wäre Selbstbetrug und Vortäuschung eines Empfindens, welches in seinem Wesen gerade so nicht gegeben sein kann, wie es teilweise das Verliebtsein suggeriert.

Aber die umfassende Gemeinschaftlichkeit der Liebe ist nicht nur prinzipiell Einschluss des Anderen bei allem Fühlen dessen, was mir selbst wichtig und wertvoll ist, sowie umgekehrt, sondern durch solche Gemeinschaftlichkeit *steigert sich* das Leben ebenfalls auf beiden Seiten. In der Verliebtheit wird dieser Reichtum mit seinem Wachsenkönnen ohne Ende geahnt; in der Liebe tritt er tatsächlich ein: Das je individuelle Leben der Liebenden erfährt sich in seinem Austausch in allen Bereichen des Leibes und des Geistes dergestalt, dass Grund

und Reichtum des Lebens immer deutlicher miteinander hervortreten. Nicht »Lust« allein in allem und jedem ist die Frage, wie schon in Platons Dialog »Philebos« diskutiert wurde, sondern jenes Empfinden einer Zusammengehörigkeit, welche nicht nur im Freudvollen bestehen muss, sondern durchaus die Schwierigkeiten und Leiden mit einbezieht. Dies ist eine andere Weise zu sagen, dass die Gemeinschaftlichkeit (in) der Liebe das Leben bis in seine letzten Tiefen auszuloten vermag – und an jeder Stelle stets den Anderen als einen konkret Lebendigen wie Liebenden ebenso mitempfindet.

Diese grenzenlose Gesamtmöglichkeit des liebenden Mitempfindens führt daher zu einer äußersten Frage, der man nicht ausweichen darf, falls das Gefühl der Liebe nur annähernd angemessen »beschrieben« werden sollte. Umschlingen sich beide »Leben« im Sinne von zwei Liebenden so, wie sich das Leben in mir selbst umschlingt, damit ich überhaupt im Leben geboren sein kann? Ist die liebende Gemeinschaftlichkeit, anders gefragt, von gleicher Qualität wie meine reine *Selbstaffektion* im Leben, durch die ich bin, was ich bin? Wir müssen wohl an dieser Stelle noch einen Schritt tiefer gehen, denn *meine* Umschlingung im Leben ist nicht die einzige – es gibt all die vergangenen, gegenwärtigen und zukünftigen Menschen, welche wie ich mit gleicher Absolutheit im Leben geboren werden und dadurch im eigentlichen Sinne »sind«. Dies bedeutet, dass meine Selbstumschlingung all die Anderen prinzipiell mit umfasst, ohne dies sichtbar an allen Menschen nachvollziehen zu können. Aber wenn ich jemanden in seiner einmaligen Bestimmtheit liebe, dann liebe ich in ihm – wie mit ihm – *jene einmalige Selbstumschlingung, durch die er/sie im Leben ist.* Ich kann diese Selbstaffektion in der Tat nicht an seiner/ihrer Stelle lieben, denn an diesem innersten »Ort« weilt nur er/sie. Ich liebe jedoch seine/ihre Selbstumschlingung in mir, *sofern* in der meinen die seine/ihre gleichursprünglich mitgegeben ist.

Die erwachende, anfangshafte Gesamtmöglichkeit aller Gefühle, Gedanken und Taten im Verliebtsein wie der konkrete Mitvollzug derselben in der Liebe findet mithin auf dem unauslotbaren Grund des Lebens seine eigentliche Begründung: Mein Leben umschlingt sich so, dass in dieser Umschlingung jeder mit-geliebt werden kann. Die innere wie äußere Beständigkeit im Gefühl der Liebe, wie wir sagten, entspricht auf diese Weise der inneren Selbstbezeugung des Lebens, dass niemand, der in ihm geboren wurde, aus diesem Leben herausfällt. Wo zwei sich ausschließlich lieben, wird diese Selbstbezeugung des Lebens zu einer auch konkret sichtbaren Einheit, vor der es dann nicht wunder nimmt, dass solche Gemeinschaftlichkeit den Reichtum des Lebens in seiner ganzen Fülle prinzipiell auszuschöpfen vermag. Das Geheimnis der Liebe ist deshalb so groß, weil es alle Geheimnisse des Lebens selbst in sich birgt – letztlich die *Selbigkeit von Liebe und Leben*, weshalb der Apostel Paulus in dieser Selbigkeit auch das Geheimnis unseres lebendigen »Fleisches« schlechthin erblickte (Epheserbrief 5,31 f.). Denn *Fleisch* ist hier der Name für das Sich-selbst-lieben im Anderen und umgekehrt, wodurch alles im Leben Vollzogene zu Liebe werden kann, was unserem tiefsten Empfinden von Liebe selbst entspricht.

Das Verliebtsein eröffnet mithin den Weg zum Grund des Lebens, indem es ein »Wir« in der Gemeinsamkeit dieses Grundes greifbar werden lässt, ohne es in allem greifbar erfüllen zu können. Eine Verliebtheit ohne weiteres abzuweisen, wäre also eine Verkürzung des Lebens, welches solchen *Grund* in der Spontaneität des überraschenden Verliebtseins erneut ins Bewusstsein heben möchte, um neue Kräfte daraus zu schöpfen. Kollidiert ein solches Verliebtsein mit einer Liebe, die sich bereits gebunden hat, dann kann eine Antwort auf die mögliche innere Gespaltenheit unter anderem darin beruhen, ob in der gewordenen Liebe und ihrer bis dahin selbstverständlichen Beständigkeit der Grund des Lebens sich nochmals so affiziert, dass er der Gewissheit des neuen Verliebtseins in nichts nachsteht. Anstatt in Letzterem daher nur eine Gefahr für die Liebe zu sehen, ist es vielleicht genau umgekehrt: es ist die Chance ihrer erneuten Verjüngung. Denn wenn das Leben in seiner Selbstumschlingung stets neu und frisch in jedem Augenblick ist, dann ist nicht einzusehen, warum dies nicht auch für die Liebe selbst gilt? Die geliebte Person im Verliebtsein hat dabei dieselbe Möglichkeit, nämlich in der Unmittelbarkeit ihrer Liebe deren unausgeschöpfte Ahnungen ins Bewusstsein kommen zu lassen und sie zu bestärken als die vollen Kräfte ihres Lebens. Insofern berühren sich Liebe und Verliebtsein miteinander im Grund des Lebens und müssen nicht künstlich auseinanderdividiert werden, weil das Leben sich letztlich niemals von einem Außen und dessen Gesetzen her regeln lässt.

Passion und Lust

Jede Passion, zumal die geschlechtliche, kennt nur *ihr* Gefühl als das einzige, weil sie es als die höchste Steigerung erlebt und dieses Maximum immer wieder erleben und deshalb erneut herbeiführen möchte. Damit ist der Leidenschaft eine Wiederholung ebenfalls eingeschrieben, von der sie sich selbst nicht unmittelbar frei machen kann, da sie Lustempfinden immer wieder nur auf diesem einzigen Weg sucht. In dieser Ausrichtung auf ein einziges Ziel wie Gefühl kann die Passion, welche man oft »blind« nennt, durchaus sehr hellsichtig werden, denn sie schärft den Blick für alle Details, die ihrer Lust entsprechen. Im erotischen Bereich ist dann beispielsweise das Gegenüber allerdings nicht mehr nur *eine* Frau, das heißt eine bestimmte und einmalig individuelle, sondern *die* Frau als Möglichkeit der Stillung des eigenen Bedürfens durch die »Weiblichkeit« für den Mann. Damit ist eine Passion zu zweit keineswegs ausgeschlossen, wie sie Literatur, Poesie und Musik immer wieder beschworen haben, aber sie könnte sich bei solchem Verhältnis darauf beschränken, den Anderen nur jeweils *für sich* zu sehen und zu fühlen.

Wir möchten dieses traditionsreiche Thema von *passio* und *ratio* nicht unter diesem Gesichtspunkt eines ethischen Dualismus weiterführen, sondern rein immanent, mit anderen Worten als eine der stärksten inneren Bewegungen unseres Lebens ergreifen. Umschlingt sich in der Passion und ihrer Lust das Leben als ein Maximum, dann liebt sich dadurch dieses Leben so unbändig selbst, dass die Leidenschaft damit zum Ausdruck seines innersten Wesens wird. *Sich selbst* in allem – und über alles – ausschließlich zu lieben, ist die innerste Wirkkraft des Lebens in allem Fühlen, Denken und Handeln schlechthin. Mit jeder Passion tritt also prinzipiell die Leidenschaftlichkeit des Lebens als solche hervor, um die Passion seiner selbst zu sein, weil in der Tat nichts anderes ein solch empfindendes Leben zu ersetzen vermag. Die Lust des Lebens, sich selbst zu erproben, auf dem Höhepunkt der Passion seiner ureigensten Fülle entgegenzuleben, ist daher eine un-bedingte Weise, mit dem Wesen des Lebens und seiner ihm eigentümlichen Offenbarung konfrontiert zu werden, nämlich in keinem Ding der Welt ein entsprechendes Äquivalent zu besitzen. Wenn also die Passion alle Bedenken hinwegfegt, auf keine »Vernunft« mehr hört, dann dürfen wir trotz des Beängstigenden hierbei nicht vergessen, dass sich dadurch eines der Urgeheimnisse unseres Lebens seit Menschheitsbeginn überhaupt vollzieht: letztlich ohne benennbaren Grund zu leben bzw. wie Dionysos in seine Abgründigkeit zu versinken, wie Nietzsche wusste.

Erst durch solches Zusammenspiel von *Passion* und *Grund* wird erlebbar, warum die Erotik dabei im Vordergrund steht, denn im Wirbel des Grundes bestätigen und verstärken sich zwei Lebendige als Mann und Frau, die im Augenblick ihrer Leidenschaft nichts anderes mehr besitzen als diese aufsteigende und immer wieder genährte Ab-gründigkeit. Blindheit oder Abwesenheit von Vernunft heißt dann gemäß dieser ausschließlichen Passion und ihrer Lust, *keine eigentliche Weltreferenz mehr zu besitzen*. In der »Nacht der Liebenden« versinkt nicht nur alles andere ins Schweigen, sondern diese »Nacht« ohne Beispiel benötigt auch nichts anderes mehr als jene leiblich feinsten Spuren, welche sich ohne jedes Nachdenken im reinen Fühlen in das Begehren des Fleisches einschreiben. *Fleisch* ist dabei der bisher kaum ausgelotete Begriff, um die grundsätzliche Unauflösbarkeit von *Leib* und *Leben* annähernd zu verstehen, ohne deren absolute Verbindung es keinerlei Empfinden gäbe, was wir eben auch den grundlegenden Sachverhalt der *Passibilität* nennen: Leben nur als unser »Fleisch« – und nur so – erfahren zu können.

Die Passion führt mich also nicht nur an das Geheimnis eines nie allgemeinen, sondern immer nur *individuell* empfundenen Lebens heran; sie offenbart ebenfalls mein innerstes Wesen als dieses Fleisch in Freude und Leid, von deren innerem Wandel die Lust lebt. Die erotische Gleichzeitigkeit des Liebespaares bei solchem Empfinden ist der angestrebte »Sinn« aller Gebärden, Bewegungen, Seufzer und kurzen Worte, um der Einzeichnung der Lust ins Fleisch den Höhepunkt der Gemeinsamkeit im höchsten Fühlen als Miteinanderversinken zu ermöglichen. Insofern »liebt« auch die Passion tatsächlich, denn sie will zumindest für diese Augenblicke, dass sich kein Spalt des Fremdwerdens zwischen den Liebenden auftut. Dass hier trotzdem Verstellungen und Täuschungen möglich sind, berührt nicht das eigentliche Geheimnis des erotischen Fleisches in seiner Passion, nämlich Leben *als* reines Gefühl ergreifen zu wollen. Wer dies nicht einräumt oder kennt, denkt gering vom Leben und von der Passion, indem er beide auf sachhafte Prozesse, etwa auf bloß biologische oder physiologische, reduziert hat, welche über eine reine *Objektebene* nicht hinauskommen.

Bleiben wir weiterhin diesseits aller ethischen Betrachtung von Passion und Lust, indem wir uns in die unmittelbare Motivation ihrer inneren Selbstbewegung versetzen, so ließe sich auch sagen, dass die Leidenschaft ein unmittelbares *Bündnis mit dem Leben* ist. Indem sie nichts anderes kennt, als das Leben in seiner Lust zu ergreifen, steht sie für dieses Leben mit ihrer ganzen Vehemenz ein und macht dadurch greifbar, dass Leben nicht »auf halbem Wege« zu haben ist, sondern stets den »Einsatz des ganzen Lebens« fordert. Ist aber solche Gewissheit durch die Passion einmal deutlich geworden, weil die Passion gar nicht anders kann, als all ihre Kräfte im Übermaß zu veräußern, dann mag daraus die »Erkenntnis« erwachsen, dass an sich in *allem* Empfinden das Leben ein Bündnis mit sich selbst fordert – in mir wie im Anderen. Die Ethik wird also niemals – gemäß solcher Betrachtung – von außen an die Passion herangetragen, sondern sie ist im inneren Kern der Passion selbst bereits mitgegeben.

Dies macht die existentielle Schwierigkeit oder den »Kampf« im Zusammenhang mit der Passion aus, denn sie kann sich einerseits ausschließlich auf sich selbst beschränken und andererseits jene unendlichen Kräfte freisetzen, in denen Leben über seine alltäglich gewordenen oder normierten Begrenzungen hinauswächst. Kommt im Leben alles vom innersten Wesen des *Guten* solchen Lebens im Sinne seiner unmittelbarsten Selbstbewegung, so gehört folglich auch die Passion dazu und verhilft möglicherweise erst Dimensionen zu sehen, die sonst verschüttet waren, oder Herausforderungen zu ergreifen, welche eine Existenz neu sehen lassen – vielleicht ganz umgestalten. Es dürfte daher kein Irrtum sein zu behaupten, dass eine feststellbare »Umkehr« bei einzelnen Menschen oder selbst große Veränderungen in der Geschichte immer mit solchen leidenschaftlichen Kräften in Verbund gestanden haben.

Ein »Verstehen« von Gefühlen, welches sich sozusagen an den rein *lebendigen* Entstehungsort derselben zurückversetzt, um nur von daher zu sprechen, lässt dann ebenfalls erkennen, dass das Leben im Prinzip nichts tut, was *gegen* es selbst gerichtet wäre. Finden solche Hemmungen, Verzerrungen oder gar Zerstörungen statt, dann ohne Zweifel deshalb, weil eine Urleidenschaftlichkeit des Lebens als seine ureigenste Lebendigkeit zertreten oder sonst wie blockiert wurde. Das genannte *Bündnis mit dem Leben* über den Weg der Leidenschaft findet so (wenn man dem Leben grundsätzlich mehr zutraut als den äußeren Vorschriften) zum Tiefsten seiner selbst hin oder zurück, falls sich solches Bündnis wirklich vom Leben »inspirieren« lässt. Inspiration meint dabei kein irgendwie kodifiziertes Wissen, sondern das wahrhaft innere Hinhören auf das »Fleisch« der Passion.

Wird dieses Erproben des reinen Gefühls vernommen, dann kann es keinem anderen Leben gegenüber mehr feind sein, weil eben das Leben in sich selbst nicht der Feind des Lebens zu sein vermag, wie Kafka sagt. Ist man sich der ausgesetzten Zerbrechlichkeit des leidenschaftlichen Gewebes von Lust und Liebe in der Passion bewusst, so darf dadurch jedoch ihr prinzipielles Gutsein keineswegs abgewertet werden. Denn die unverbrüchliche Stärke des Lebens lässt sich niemals durch Schwächeres ersetzen, wenn das Leben nicht in Frustration, Resignation und Ressentiment zurückfallen soll, wo seine Energien ungenutzt dahinvegetieren. Wie bei allen großen Fragen des Lebens, liegt deren Antwort auf der Ebene der Neuentdeckung, Kreativität und Verfeinerung von Werthaftem. Daher kündigt die Passion unmissverständlich an, dass das Leben von seinem Grund her stets ein *Mehr* und *Voraus* ist – *mehr,* als wir ihm jemals zurückerstatten könnten, und es liegt an uns, dem zu entsprechen oder nicht, um uns selbst zu entsprechen. Folgendes Liebesgedicht »Die eine Klage« von Karoline von Günderode aus der Zeit der Romantik stellt dies mit großer Eindringlichkeit wie Einfachheit klar. Die dritte Strophe lautet:

»Wer so ganz in Herz und Sinnen
Konnt ein Wesen lieb gewinnen,
Oh! den tröstet's nicht,
Dass für Freuden, die verloren,
Neue werden neu geboren:
Jene sind's doch nicht.«

Schönheit und Seligkeit

In der Affektenlehre Spinozas wird die *Freude* als eine Zunahme des Gefühls der Realität verstanden, die Abnahme desselben hingegen als ein Zeichen der Traurigkeit. An anderer Stelle sagt Spinoza, dass jedes Individuum zufrieden mit seiner Natur lebt, wenn es sich derselben erfreuen kann – und es kann sich in seiner Einheit von eigener Natur und Leben erfreuen, wenn es der innersten Bewegung als »Seele« oder »Können« zu folgen vermag. Das Verlangen, »im eigenen Sein verharren zu können« und dessen Selbstbewegung als »Begehren« *(conatus)* zu folgen, bindet mithin die Freude an das Wesen des Lebens, mit sich selbst in seinem Verlangen übereinstimmen und es durch sich selbst noch steigern zu können. Nichts anderes tritt uns im Erleben der *Schönheit* entgegen, zumal dann, wenn sie uns ganz ungeschuldet ergreift, das heißt über all unsere Bedingungen und Erwartungen hinausreicht. Dies geschieht beispielsweise in einem Naturerlebnis von uneinholbarer Erhabenheit, im Kunstwerk jeglicher Gattung mit seinen neuen, bisher ungeahnten Erfahrungsmöglichkeiten sowie ebenfalls in der natürlichen Schönheit eines Gesichtes oder der Gestalt einer Person insgesamt. Wir wissen nur zu sehr, wie Werbung und Medien heute mit »Effekten« der Schönheit rechnen, um diese für ganz andere Ziele einzusetzen, denn die Schönheit selbst ruft in uns ein »interesseloses Wohlgefallen« herauf, um auch an Kant zu erinnern.

Folgen wir dem Gefühl der Schönheit auf dem Boden dieser rasch skizzierten Grundgegebenheiten weiter, so gilt es, seine Übereinstimmung mit der eigenen Lebens- oder Seelenbewegung sowie mit dem Erleben einer funktionalen Zweckfreiheit noch genauer zu verstehen. Wenn nämlich in der Schönheit die Wirklichkeit als ungeschuldet erscheint und unserem inneren Verlangen nach Steigerung des Empfindenkönnens als solchem entgegenkommt, dann fallen damit in gewisser Weise Idealität und Realität zusammen: Das Wirkliche gibt sich so, wie es von keiner Vorstellung erreicht werden könnte, und zugleich ist diese Idealität die denkbar realste, weil die Schönheit sich jeweils nur als *dieses* konkrete Erleben zu geben vermag – und nicht als irgendeine abstrakte Allgemeinheit. Die Idealität im Gefühl der Schönheit verweist somit nicht an ein »noch größer Denkbares«, sondern sie ist *dieses* Größere in der sinnlichen Konkretheit. Dass wir dennoch im Schönen ein »Mehr« erproben, dem keine Grenze gesetzt zu sein scheint, etwa in einer Symphonie oder in einer Dichtung, liegt daran, dass wir über die Einbildungskraft an die je individuellen Vollzugsweisen unseres Erlebens oder Empfindens selbst verwiesen werden. Als Bewegung des inneren Lebens verknüpfen sich die Unendlichkeiten des Schönen mit dem Gefühl lebendiger Selbststeigerung als solcher in uns.

So »ideal« die Schönheit auch erscheinen mag, so schöpft sie ihre Faszination nicht aus der Übereinstimmung mit irgendeinem mimetisch nachzuahmenden Modell, wie eine lange platonische Tradition lautet, gegen welche Moderne und Avantgarde vehement aufbegehrt haben, um sich in den verschiedenen Versuchen der ästhetischen »Abstraktion« als »konkreter Kunst« etwa von solcher Nachahmung abzugrenzen. Dadurch geriet die »Schönheit« selbst in Verdacht, bisher nur einer Illusion der »Versöhnbarkeit« des Ästhetischen mit dem Wirklichen nachgefolgt zu sein, um an den geschichtlichen Grausamkeiten der neueren Zeit zu zerbrechen. War die sinnliche Schönheit von ihrem Wesen her jedoch niemals an ein Ideal der Vorstellung gebunden, dann fällt diese hauptsächlich postmoderne Kritik von selbst fort, weil die Ästhetik jegliches Schönen keine »Wiederholung der Welt« darstellt, wie sie uns in der Wahrnehmung begegnet, sondern dieses Wahrnehmen als Empfinden selbst zu seiner Vollendung führt. Das heißt im eingangs genannten Sinne des *conatus* als Verlangen der Steigerung der inneren Lebensbewegung: in jeder empfundenen Schönheit vollzieht sich unsere Sinnlichkeit in ihrem affektiven Maximum, so wie es jedem Einzelnen kraft seines ihm gegebenen Empfindens möglich ist. Dass Steigerung und Verfeinerung der Sinne hier zusammengehören, dürfte auf der Hand liegen, denn im Unterschied zum »groben Auge« will das »verfeinerte Auge«, wie Marx für den gesamten Bereich des kulturellen Lebens festhielt, *mehr* sehen, indem es *besser* sieht.

Damit ist Schönheit eine Selbsterprobung im ursprünglichsten Sinne, was nunmehr den Bezug zum Erleben der *Freude* noch besser unterstreicht. Erlebe ich nämlich das Schöne, sei es in Natur, Kunst oder Begegnung, als Freude in mir, die mir an sich ungeschuldet ist, dann erlebe ich, dass sich mir »etwas« zuspricht, dessen eigener Urheber ich nicht sein kann – nämlich genau die Steigerung des Lebens aus seiner unauslotbaren Abgründigkeit heraus. Die Bewegung der Freude im Erleben der Schönheit wird damit in einem strengen Sinne zur »Selbstfreude des Lebens«, das heißt zur Freude über sich selbst, sich selbst im *Mehr* seines eigenen Erprobens erleben zu dürfen. Die Wirklichkeit, wovon die Freude ein Hinweis ist, stellt also nicht irgendeine äußere Wirklichkeit dar, etwa eine metaphysische Substanz des »Realen«, sondern es handelt sich um eine prinzipielle Wirklichkeit, die letztlich keine andere ist als das phänomenologische Erscheinenkönnen schlechthin, welche die Erfahrung von Welt, Selbst und den Anderen trägt. Indem die Schönheit also aus den alltäglichen Zusammenhängen des rein Nützlichen oder Funktionalen herausführt, da sie die gewohnten Erscheinungsbilder zu ganz neuen Erfahrungen werden lässt, übernimmt sie die unverzichtbare Aufgabe einer Manifestation oder Offenbarung, die in der bisherigen Menschheitsgeschichte immer auch mit dem Sakralen verbunden war.

Was die Schönheit mithin in diesem Sinne »offenbart«, ist die Mächtigkeit eines Erscheinens, welches von den Eingrenzungen der Objektivierung und Gewöhnung in der Wahrnehmung und Vorstellung befreit wird, um die Ur-Mächtigkeit des Sich-gebens von »Wirklichkeit« ohne Maß selbst erahnen und erproben zu lassen. Dieser *Exzess* als Überschuss oder Sättigung, welche jegliche Schönheit kennzeichnen, sofern sie mit dem bloßen Denken nicht eingeholt zu werden vermag, bricht genau in der Freude über diese Schönheit dann gefühlsmäßig durch, weil das Mehr in der Schönheit dem Verlangen nach Steigerung in unserem Lebensgefühl entspricht bzw. sich darüber Ausdruck verleiht. Ein Leben ohne Schönheit und Freude, wie Nietzsche schon gegenüber seinem Zeitalter von Philistertum und Nihilismus mit scharfen Augen sah, ist ein Leben, welches im buchstäblichen Sinne dem *Wahnsinn* geweiht ist, da bestimmt zur Selbstzerstörung – sei es durch Gewalt nach außen oder Aggression nach innen. Dass Verlust an Schönheit in der alltäglichen Lebenswelt heute ein tief greifendes Kennzeichen einer kulturell prekären – wenn nicht sogar bedrohlichen – Situation darstellt, muss wohl hier nicht eigens belegt werden, so wie ebenfalls die Derivate der Schönheit durch mediale Vermarktung zunehmen, wohinter sich aber immer noch die unauslöschbare Wirklichkeit eines tiefen Begehrens nach »Erfüllung« mitteilt.

Diese Erfüllung von Schönheit, Freude und Wirklichkeit als ein nicht mehr zu steigerndes Erleben wollen wir *Seligkeit* nennen. Es ist unter diesem Namen bei Fichte gegeben, so wie auch Spinoza in der *beatitudo* jenes Heil erkennen wollte, welches den reinen Affekt mit einer vorstellungsfreien Liebe zu

Gott verband. Beschränken wir uns hier auf die nacherlebbaren Charaktere der Seligkeit, ohne sie in eine jenseitige Welt zu verlegen, dann bezeichnet solche Seligkeit den Höhepunkt des Erlebens als Erlebenkönnen schlechthin, wodurch die Seligkeit das innerste Wesen unseres Empfindens selbst ausmacht. In der Seligkeit kann keine Differenz mehr bestehen, weil es in ihr keinen Unterschied zwischen Empfindenkönnen und empfundener Wirklichkeit mehr gibt – die »Wirklichkeit« ist dieses Empfindenkönnen selbst. Mit den Worten von vorher gesprochen, erfüllt sich der Exzess des Lebens als seine jeweilige Steigerung im »Mehr« des Erlebens in der Übereinstimmung solchen Lebens mit sich selbst, um seine eigene Seligkeit zu erproben: nichts Anderen mehr zu bedürfen, um in der Freude über sich selbst zu *sein,* was den Höhepunkt jeder Freude ausmacht. Die Seligkeit ist unter diesem Gesichtspunkt die innere, geheime Bestimmung des Lebens selbst, denn sie tritt keineswegs von außen – man wüsste nicht wie – als eine zufällige Bedingung zu ihm hinzu. Genau dieses »Wissen«, welches eben nicht weiter ableitbar ist, sondern sich »ungeschuldet« gibt, wie wir sagten, ereignet sich wie gnadenhaft in der Schönheit.

Damit gewinnen auch Seligkeit und »interesseloses Wohlgefallen« einen prinzipiellen Zusammenhang, der sich hier dahingehend ausdrücken lässt, dass Seligkeit – wie Schönheit – nicht möglich ist, wenn man sie gezielt *sucht.* Mit solchem Suchen ist nicht das Begehren oder Verlangen gemeint, welches eine Erscheinensweise des immanenten Lebens als solchem ist, sondern das Gegenteil von dem, was Kafka für das Glück erkannte: »Das Glück begreifen, dass der Boden, auf dem du stehst, nicht größer sein kann, als die zwei Füße ihn bedecken.« In seiner ganzen Radikalität gedacht und erlebt, bedeutet dieser Satz, nicht mehr als *mich* zu haben, um das Glück der Seligkeit in der Unmittelbarkeit oder Ursprunghaftigkeit meines Lebens empfinden zu können, das heißt in seiner leiblichen oder affektiven Konkretheit. Und habe ich in der Tat nie mehr Boden als die zwei Füße, die ihn begrenzen, so habe ich damit auch Welt in ihrer unmittelbaren Gegebenheit und Schönheit, die darin einbeschlossen ist, mit anderen Worten in der »Seligkeit« des jeweiligen Empfindens. Denn »mich« rein zu empfinden, bedeutet stringent, mich ausschließlich »im Leben« zu empfinden, und die Einheit von Leben/Mich ist *Seligkeit*, weil sich darin jede weitere Vermittlung aufhebt. Auf diese Weise sind Freude und Seligkeit, wie auch die Schönheit, eigentlich nicht der Zeit unterworfen, sei sie historisch oder biographisch, sondern alle drei – Freude, Schönheit wie Seligkeit – sind die Merkmale des reinen *Jetzt*, sofern alles Gedachte und Vorgestellte angesichts der reinen Gegebenheit dieses Jetzt in seiner Empfindungswirklichkeit zurücktritt.

Wenn mithin Freude und Seligkeit der Schönheit *ungeschuldet* sind, dann kann diese letzte *Generosität*, welche durch die Schönheit in der Wirklichkeit aufscheint, nicht von einem »Etwas« abhängen, da alle gegenständlichen Bedingungen und Horizonte übertroffen werden. Wenn aber keine äußere Bedingung mehr angebbar ist, dann ist die Seligkeit *jederzeit* möglich, nämlich in jener Freude, die wir die Freude des Lebens über sich selbst nannten – und diese ist in der Tat jederzeit gegeben, sofern nur das Leben als das Leben sich selbst zu geben vermag, indem es sich so in seinem Wesen selbst begründet. Das Wesen des Lebens ist daher stets die Freude über sich selbst, über sein Sich-geben- und somit über sein Sich-empfinden-Können. Die Seligkeit ist das nicht mehr in Frage gestellte innere oder rein praktische Wissen um diese Freude, weshalb sie mit dem Gefühl des wirklichen »Mich« identisch ist, welches kein Bild seiner selbst mehr benötigt, um sich solcher Freude ohne Vorstellung gewiss zu sein. Die selige Freude des Lebens ist daher nicht nur das Gegenteil des Wahnsinns, sondern zugleich die innere Notwendigkeit des Lebens, sein innerstes »Gesetz«, es selbst zu sein, weshalb in der Freude, welche wir in der Schönheit erleben dürfen, zugleich die Offenbarung des Lebens geschieht – nicht die Erkenntnis irgendeines besonderen Inhalts, sondern seine innerste *Selbstoffenbarung*. Dass daraufhin solches Erleben unmittelbar auch mit der Dankbarkeit verbunden ist, versteht sich dann von selbst, denn solche Dankbarkeit antwortet auf die Ungeschuldetheit, nicht selbst den Grund des Lebens gesetzt zu haben und dennoch ohne Vorbehalt oder Rückzug aus ihm leben zu dürfen – *jetzt*, in der Seligkeit solchen Lebens selbst.

II.
SCHWERE DES LEBENS

Last und Müdigkeit

In seiner »Anthropologie in pragmatischer Hinsicht«, das heißt mit Blick darauf, was der Mensch als frei handelndes Wesen konkret aus sich machen kann oder soll, spricht Kant im Zusammenhang mit der Trunkenheit und dem Rausch davon, dass diese Mittel dazu dienten, »den Menschen die Last, die ursprünglich im Leben überhaupt zu liegen scheint, vergessen zu machen« (§28). Was jedoch diese Last sei und aus welchen Gründen sie mit dem Leben originär gegeben ist, erörtert Kant nicht weiter, weil ihm hauptsächlich am freien Verstandesgebrauch auch unter widerwärtigen Bedingungen unserer Natur gelegen ist. Diese falle als biologisches Leben des Menschen ausschließlich in den Bereich der Physiologie, um von dieser ohne besondere Anschauung der Freiheit untersucht zu werden. Wir müssen daher über Kant hinaus phänomenologisch nach der *Last unseres Lebens* fragen, die keinem je einzelnen Ereignis in unserer Existenz zugeordnet werden kann und in ihrer Allgemeinheit jeden Menschen als Lebendigen schlechthin betrifft, wie Kant als selbstverständlich vorauszusetzen scheint.

Liegt aber die Last »im Leben« als solchem und nicht in den vielfältigen Erlebnissen desselben mit seinen unterschiedlichen Schwierigkeiten, welche uns sowohl seelisch wie physisch »belasten« und »bedrücken« können, dann muss es eine notwendige Verbindung zwischen dieser reinen Immanenz des Lebens und seiner Last geben. Und zwar nicht nur in jenem trivialen Sinne, dass wir die Last im Empfinden des Lebens selbst erfahren, sondern in dem radikal phänomenologischen Sinne, dass das Leben in sich sich selbst eine Last zu sein scheint. Wählen wir zur besseren Veranschaulichung die äußerste *Unerträglichkeit*, mit welcher das Leben in solch innerer Passibilität auf sich selbst lasten kann, so ist hierbei – wie etwa bei großen Schmerzen oder traumatischen Erlebnissen – das Leben seine eigene Last, die es gleichsam *selbst erdrückt*. Es lastet mit seinem ganzen Eigengewicht auf sich selbst, weil keinerlei Distanz oder Differenz in ihm gegeben ist, um vor sich selbst fliehen zu können. Deshalb ist der Schmerz dann auch nur Schmerz und kann nicht durch irgendeine sinnhafte Bedeutung gemildert werden, die ich ihm vielleicht unter weiteren Qualen und mit größter Geduld durch eine hilfreiche Vorstellung noch abgewinnen könnte – sollte dies überhaupt möglich sein, was äußerstes Unglück bezweifeln lässt, wie beispielsweise Simone Weil in all ihren Schriften immer wieder unterstreicht.

Dieses reine Erdrücktsein des Lebens durch sich selbst als seine ihm eigentümliche Last ist insofern ein unvergleichbares Gewicht, als die Abwesenheit von jeder Distanz oder Differenz in der reinen Immanenz des Lebens dessen nackte Affektion allein durch sich selbst bedeutet. Ein solch urleibliches oder fleischliches Affiziertsein in der Nacktheit seiner inneren Erprobung ohne jeden Schutzmantel von Raum und Zeit sowie auch von Worten, in die ich mich normalerweise durch Einbildung und Gedanken über Ursachen und Ziele flüchten kann, besagt hier äußerste Unerträglichkeit, welche den heftigen Wunsch aufkommen lässt, *nicht* mehr länger »im Leben« sein zu wollen. Der phänomenologische Grundcharakter jeder Last des Lebens ist daher mit anderen Worten jenes paradoxe Verlangen, nicht mehr das Leben ertragen zu müssen, wobei dieses Wollen aus dem Leben selbst heraus erwacht und auch nur in diesem und seiner inneren affektiven Historialität möglich bleibt. Dies unterstreicht im Übrigen, warum alle kausalen oder empirischen Erklärungen von solcher »Last« als Leid niemals das Leben als solches angemessen treffen können, denn das Leben leidet in seiner Last bis hin zur äußersten Unerträglichkeit nicht an *etwas* letztlich, seien es Dinge, Umstände oder andere Personen, sondern *an sich selbst.*

An sich selbst zu leiden, macht prinzipiell das Wesen unserer sinnlichen oder affektiven *Subjektivität* aus, wobei das »Unter-worfen-sein« der Letzteren als *sub-jectum* keine Substanz meint, welche einem äußeren Einfluss als »Fremdaffektion« unterläge. Vielmehr entspricht dieses Sich-selbst-Unterworfensein der reinen Passibilität, wie sie subjektiv als Identität mit der absoluten Selbstaffektion des Lebens empfunden wird. In jeder Last, durch die das Leben mit sich selbst beladen ist, empfinden wir daher unser ureigenstes Wesen – und dies ist letztlich der Grund dafür, warum nach den Worten Kants das Leben *ursprünglich* mit seiner ihm allein eigentümlichen Last beladen sei. Lastet aber in dieser reinen Ursprünglichkeit die Lebendigkeit der Subjektivität auf sich selbst, so ist dies eben nur möglich, weil das Absolute des Lebens selbst in seiner uranfänglichen Selbstaffektion auf sich selbst lastet. Deshalb ist noch genauer zu sagen, dass ich die Last des Lebens *subjektiv* verspüre, weil sich das Leben in sich als solches nur unter dem ganzen *Gewicht seiner selbst* als Leben überhaupt weiter zu zeugen vermag. Insofern sich jedoch in dieser uranfänglichen *Selbstbeladenheit* des Lebens mit sich selbst das Leben zugleich ursprünglich selbst ergreift, um sich seiner ebenfalls zu erfreuen, ist auch jede Last immer wieder von sich selbst aus in die Freude umkehrbar. Rausch und Trunkenheit, von denen Kant sprach und die sich heute vielfältig als »Droge« vermehrt haben, um so weit verbreitet der Last des Lebens (scheinbar) zu entgehen, stehen daher für den Versuch, durch äußere Substitute oder »Stoffe« diese Freude herbeizuzwingen, anstatt auf die langsame – aber gewisse – Verwandlung des Lebens selbst von innen her in der ihm eigenen Geduld zu warten und zu hoffen.

Letzteres kann insoweit durch das uns allen bekannte Phänomen der *Müdigkeit* einsichtig werden, als diese wieder »verfliegt«, wenn Ruhe, Schlaf oder eine weckende Motivation sie »verscheuchen«. Trotz dieses Charakters des Vorübergehenden und oftmals auch nur Flüchtigen haftet aber auch der Müdigkeit die bisher erwähnte Last des Lebens an, denn wir fühlen uns in solcher Müdigkeit *schwach*, in unseren an sich sonst vertrauten Möglichkeiten des Denkens und Handelns *begrenzt*. Es gibt sogar auch Müdigkeiten, welche sich über weite Teile des Lebens erstrecken können, und zwar bis hin zur so genannten »Lebensmüdigkeit«, weil innere Blockierungen oder Alterserscheinungen vorliegen bzw. auch körperbedingt leichter und schneller Ermüdungen bei jemandem eintreten, die von Anderen bei gleicher Tätigkeit oder Lebensführung nicht im selben Ausmaß erlebt werden. In all diesen Variationen der Müdigkeit ist sie als Grenzerlebnis unseres *Könnens* an der Nahtstelle zum Nicht-(mehr)-Können jedoch ein Erleben, welches uns den passiblen Ab-grund des Lebens gegenwärtig werden lässt. Die Müdigkeit als leichtere, aber dafür regelmäßig sich einstellende – und in dieser Hinsicht alltägliche – Last des Lebens ist in gewisser Weise ein Vorbote des Schlafs und manchmal auch der Krankheit, in denen wir gänzlich in die Passivität unseres Bewusstseins und Empfindens hinabtauchen.

Da allerdings die passiven Erlebnisweisen mit ihrem selbstaffektiven Grund der absoluten Passibilität keine Zufallserscheinungen des Lebens darstellen, sondern auf dessen innerste Struktur verweisen, bleibt auch die Müdigkeit als ein vom Leben her notwendiges Phänomen zu verstehen – und zwar keineswegs bloß als biologisches oder physiologisches Körpergeschehen, sondern als eine *Offenbarungsweise* des radikal phänomenologischen Lebens selbst. In der Müdigkeit taucht, anders gesagt, nicht nur die Last des Lebens in seiner Selbstbeladenheit empor, sondern sein innerstes Wesen schlechthin, sich in seinem innersten Sich-selbst-geben zugleich auch immer unmittelbar selbst entgegenzunehmen. Dieses Entgegennehmen des Lebens durch sich selbst als seine eigene *Empfängnis* in der Passibilität des reinen Ge-gebenseins des Lebens ist daher eine notwendige Erscheinung seiner absoluten Gabe als solcher. Sofern daher in der Müdigkeit als reine Empfängnis des Lebens die Notwendigkeit der Ruhe erfahren wird, erprobe ich in diesem sich selbst suspendierenden Können des Lebens seine abgrundtiefe *Urmächtigkeit:* sich nämlich überhaupt geben zu können, und zwar nur in der reinen Selbstaffektion der Passibilität solchen Gegebenseins selbst.

Müdigkeiten sind daher nicht nur lästige Momente des Lebens, um dessen vorübergehende oder ständige Last nicht weiter verspüren zu müssen. Vielmehr können solche sich rhythmisch oder auch ganz plötzlich einstellenden Müdigkeiten Momente sein, sich der innersten Selbstoffenbarungsweise des Lebens »bewusst« zu werden, das heißt teilzuhaben an jenem innersten Vollzug, durch welchen das Leben überhaupt zu Leben in seiner ureigensten Selbstzeugung ebenso ursprünglich wie unmittelbar in jedem Augenblick wird. Älter als die Zeitlichkeit, welche sich durch meine Müdigkeit rückläufig in meine Sinnlichkeit einschreibt, um als Passivität des Passivseins erlebt zu werden, mit anderen Worten als eine gegen mich gerichtete Zeit, wie Emmanuel Lévinas dieses Phänomen analysiert, ist in der Müdigkeit der anfängliche Urakt des Lebens gegeben, nämlich sich selbst als Leben empfinden zu können. Gäbe es nur Anstrengung und Intentionalität, so wüssten wir nie um die innerste Offenbarung des Lebens und besäßen keine Möglichkeit, irgendwie an ihr teilzuhaben.

Verfolgt man diese Selbstgebungsverhältnisse des Lebens weiter bis in unsere Ichstruktur hinein, so ließe sich sagen, dass genau die Müdigkeit alltäglich – manchmal auch nur für kurze Augenblicke – die aktive Ichintentionalität mehr oder weniger suspendiert, um in solcher Aufhebung auf die lebensgebende Grundbedingung jedes Ich-seins aufmerksam zu werden, das heißt auf mein radikal passibel im Leben anfänglich geborenes *Mich*. Wie in allen anderen Passivitätserfahrungen, seien es Schlaf, Schmerz, Arbeitslast usw., komme ich demzufolge durch die Müdigkeit meinem reinen oder originären Mich näher, anders gesagt jener illusionsfreien Erprobung, dass mein Ich weder die letzte noch die ursprünglichste Gegebenheit darzustellen vermag. Je mehr sich daher das Ich durch die Müdigkeit darauf besinnt, dass es sich hierbei keineswegs um ein störendes oder hemmendes Ereignis innerhalb des intentionalen Lebens handelt, sondern um dessen habituell notwendige Er-innerung an seinen Ursprung, desto »erfrischender« können dann auch solche Müdigkeiten mit ihrem Ruhen-müssen wirken, denn sie führen an die stets neue »Frische« des Lebens in seinem Ursprungsgeschehen selbst zurück. Zugleich bekommen wir dadurch zusätzlich einen radikal phänomenologischen Verweis darauf, dass die scheinbar beiläufigsten und gewöhnlichsten Vorkommnisse unseres Lebens als alltägliche Existenz vom unablösbaren Gewebe eines ebenso reinen wie ewigen Anfangsgeschehens durchzogen sind – vom *absoluten Lebenkönnen* in dessen selbstvergessener Anwesenheit.

Vom Altern

Betrachtet man die letzte Lebensphase des Alterns als ein allmähliches *Zu-Grunde-Gehen*, dann bedeutet dieses auch existentielle Näherkommen des Grundes aus der Sicht der äußeren Welt ein langsames Abklingen der Wichtigkeit sichtbarer Erscheinungen. Der lebendige Grund, auf den hin sich das Altern mit seinem Sterben am Schluss zubewegt, hat während des gesamten Daseins nie gefehlt, insofern wir ohne die Lebensselbstzeugung in uns zu keinem Augenblick zu sein vermöchten. Aber durch das Zurücktreten von beruflicher Aktivität, das Verblassen der Erinnerungen und den weitgehenden Rückgang auch an Beziehungen zu anderen Personen steht nicht mehr das In-Erscheinung-Treten solcher Weltphänomene im Vordergrund, sondern eben eine Konzentration auf das eigene Wesen. Dies hat nichts mit psychologischer Regression und demnach mit irgendwelchen »Defiziten« zu tun, sondern vielmehr mit dem ursprünglichen Zusammenhang von Grund und Selbstempfinden: Im langsamen Hervortreten des Grundes, auf den hin sich das Altern zubewegt, wird der rein *innere Affekt* immer bedeutsamer, durch den sich der Grund als die Mitte meiner selbst bekundet – wie gravierend auch immer die krankhaften Erscheinungen des Alterns, wie beispielsweise die Demenz, in den Vordergrund treten mögen.

Von außen betrachtet, wird mir im Altern folglich das Leben sukzessiv *genommen* und die noch zu lebende Zeit verläuft rückläufig in Bezug auf alle Absichten, welche noch verwirklicht sein wollen. Diese Gegenläufigkeit zur intentionalen Zeit im Altern hat Emmanuel Lévinas dazu veranlasst, die Passivität solcher Rekurrenz als *Seneszenz* zu bezeichnen: »Der Zeitverlust ist keines Subjekts Werk. […] Und die Synthese, die *geduldig* sich vollzieht und *passiv* im tiefsten Sinne heißt, ist Altern. Sie zerbricht unter dem Gewicht der Jahre und entzieht sich unumkehrbar der Gegenwart, das heißt der vergegenwärtigenden Vorstellung. Im Bewusstsein des Sich ist nicht *Präsenz* des Sich gegenüber dem Sich, sondern *Seneszenz*. Als Seneszenz aber, außerhalb der Wiederholung durch die Erinnerung, ist die Zeit – unumkehrbar verlorene Zeit – Diachronie, und als solche betrifft sie mich.« (1992, 125 f.)

Dieses etwas längere Zitat unterstreicht die Tatsache des Genommenwerdens von Leben im Altern, denn das Sich oder Selbst vermag scheinbar nicht mehr bei sich und in sich zu verharren, weil die Selbstpräsenz rückerinnernd nicht mehr umfassend aktualisiert zu werden vermag – das »Ich« entgleitet seinem »Selbstgenuss« im Empfinden als solchem, um weiterhin mit Lévinas zu sprechen. Diese Sichtweise ist ernst zu nehmen, da sie das selbstaffektive Empfinden aus seiner illusorischen Verschlossenheit herausführen will, um die »Identität« des Ich unter den Anspruch radikaler Andersheit zu stellen, welche sich in der *gegenläufigen* Diachronie bekundet.

Dies würde jedoch bedeuten, wie wir schon anklingen ließen, dass dem Leben jene Grunderfahrung genommen wird, welche wir in allen Gefühlsbeschreibungen als sein reines *Sich-geben* voraussetzen. Ist also im Altern das Leben keine »Gabe« mehr, sondern im Gegenteil die Gewalt eines *Nehmens,* welches sich gegenläufig zum originären Grundgeschehen des Lebens als *Geben* verhält? Von außen betrachtet ist dies ohne Zweifel der Fall, weil mir im Altern zunehmend jene Möglichkeit scheinbar genommen wird, meine verbleibenden Kräfte nochmals in einem intentional gebündelten Projekt zu vereinen. Aber wenn in solchem Genommen-werden von

Können und Zeit die innere Empfindung wächst, letztlich in-den-Grund-gehen zu können, dann taucht mindestens hier die andere Möglichkeit auf, auch das »Nehmen des Lebens« selbst noch in seiner ursprünglichen und unzerstörbaren Grundbewegung des Sich-gebens zu erfahren.

Insofern nämlich das »Sich« meines Gegründetseins keine starre Substanz ist, die sich in einer unberührten Identität durchhalten würde, sondern in sich selbst eine Bewegung von *Sichgeben/Sichnehmen* einschließt, wird diese innere »Selbstheit« immer wieder aufgebrochen, indem sie als empfangene in sich selbst »verlorengeht«. Denkt man jedoch dieses Verlorengehen im Genommen-werden nicht als irgendeinen Verlust, der extern messbaren Kriterien unterläge, sondern als eine reine Selbstbewegung von Affektion und Affiziertwerden, dann ist das Geben des Affizierens dergestalt in das Affiziertsein eingegangen, dass es in dessen reine Passibilität als Ertragen oder Nehmen des Lebens *übergegangen* ist.

Das Altern wäre damit Übergang in einem doppelten Sinne: zum einen geht es in den Grund *über* und zum anderen ist dieses *Gehen* als Genommenwerden des Lebens zugleich die Selbstmanifestation des Grundes. Die Zeit zieht sich in der Tat zurück, und auch das Empfinden vermag nicht als erinnerte Empfindung im Selbst der Vorstellung und des sinnlichen Eigengenusses zu verharren. In jeder Hinsicht findet somit ein Übergang als *Trans-passibilität* statt, welche in allen Phänomenen des Alterns rein die Passibilität als das sich offenbaren lässt, was sie »in ihrem Grund« immer schon ist – nämlich absoluter Übergang von Geben/Nehmen. Die zeitliche Erinnerung wird diachronisch, um den Affekt umso stärker hervortreten zu lassen, und das innere Erleben dieses Affekts als reines Sichempfinden erlebt zugleich die Zurücknahme des »Lebens« in sich selbst, um dem Ich jegliche Illusion eines Lebens durch eigene Setzung zu entziehen. Wird aber in allen Erscheinungen des Alterns Trans-passibles als Übergang dergestalt erprobt, dass in der Tat *alles* genommen wird, dann vermag das, was weiterhin »ist«, nur noch reines Geben zu sein. *Das Nehmen des Lebens selbst wäre damit eine Weise seines Gebens, um als Grund bei sich zu sein* – und so den Alternden und Sterbenden in diese phänomenologische Wirklichkeit als Wahrheit allen Erscheinens ein- oder zurückzuführen.

Wir sind derart durch die äußere Wahrnehmung und ihre geistesgeschichtliche Festschreibung gewohnt, alles von einer scheinbar unmittelbaren *Differenz* aus zu beurteilen, dass wir kaum anders können, als auch das Erscheinen in seiner tiefsten Manifestation als eine solche Differenz des Mehr oder Weniger bzw. des Gebens und Genommenwerdens zu betrachten. Die frühen und mittleren Lebensphasen erscheinen uns bis zum Prozess des Alterns hin als eine ständige Zunahme an Lebenskräften mit all den darin enthaltenen Möglichkeiten und Fähigkeiten, so dass es uns leicht dünkt, das Leben als eine Steigerung aufzufassen, welche es in der Tat auch ist. Aber diese Steigerung ist vor allem eine Steigerung *in sich,* bevor sie existentiell erfahren wird; mit anderen Worten eine *Lebensselbststeigerung,* welche an keinem äußeren Kriterium sich misst, und somit eben auch an keiner Differenz, sondern allein dem inneren Wesen des Lebens entspricht, sich stets als Leben *ganz* zu geben. Und diese Ganzheit als Urmächtigkeit des Lebens impliziert, dass sich das Leben in *all* seinen Erscheinungen immer in der Fülle seiner selbst empfinden möchte. Diese Fülle, an der es sich allein »misst«, ist daher kein anderes »Maß« als die Weise, wie es sich gibt, wodurch hierbei keine Differenz auftritt, weil das Leben nämlich prinzipiell an keinem Außen festgestellt oder vermessen werden kann.

Tritt nun im Altern die *sichtbare* Lebensentfaltung als deren biographische Steigerung zurück, so ist ein solcher Blick von der Differenz in Bezug auf die bisher gewohnten existentiellen Fähigkeiten und ihre Leistungen gehalten. Der Blick auf das »alternde Leben« macht sich dann abhängig von dem, was ihm in dieser Differenz entgegentritt, um solche Feststellungen des Weniger-als-Bisher auf das Leben als Schwächung oder »Seneszenz« zu übertragen. Mache ich mir aber radikal phänomenologisch deutlich, dass selbst ein solch defizitorientierter Blick ohne das selbstaffizierende Leben in ihm keinerlei Differenz des »Genommenwerdens von Leben« wahrnehmen und festhalten könnte, so ist solches Sehen eben rein phänomenologisch in nichts von dem unterschieden, was mir vorher als »stärkeres Leben« erschien. Und führe ich diese Reduktion noch weiter, so kann auch die Zeit als »Diachronie« nicht Maßstab für das Leben schlechthin im Altern sein, denn in der Rückläufigkeit ohne alle Zeit oder sogar vor aller Zeit verschwindet gerade die Zeit selbst als Gesetz aller Synchronie wie Diachronie. Anders gesagt, unterliegt gerade das Altern dann nicht mehr dem Zeitgesetz mit seinen Zielerwartungen, sondern es vollzieht sich eine *Implosion* alles Projekt- oder Horizonthaften zugunsten der im Sterben schließlich unmissverständlich und nackt hereinbrechenden Lebensselbstoffenbarung ohne weitere Vorstellung.

Verstehen wir daher die *Zeit des Alterns* nicht mehr von unseren Weltvermögen her, so bedeutet das Abnehmen von Erinnerung und Intentionalität eine solch zeitlose Rückläufigkeit, welche die Überlagerung der Empfindung und Sinnlichkeit mit gewohnten Vorstellungen in deren lebensaffektiv absolute Bedingung zurücknimmt. Das offensichtliche Zutagetreten des Affekts im Alter, weswegen wir es oft mit der Kindheit vergleichen, entspricht folglich einer »Gegenläufigkeit« der Intentionalität, indem diese sich ihres phänomenologischen Wesens als eines originär *affektiven Lebens* besinnt. Das Zurücktreten von Erinnerungen und Vorstellungen, um deutlicher den Grund des Lebens offenbar werden zu lassen, ist daher Rückbildung unserer Intentionalität zugunsten der immanent lebendigen Ermöglichung in ihr. Deren selbstaffektive Natur ist aber nicht mehr auf dem Weg der Differenz zu begreifen, sondern ausschließlich durch die Unmittelbarkeit ihrer Selbstgegebenheit, die mit dem Sich-geben des Lebens als solchem eins ist. Wir sollten also sehr deutlich im Alter die Rückbildung von Inhalten von der trans-passiblen Rückbildung des Intentionalen unterscheiden, welche kein Weniger in der Differenz ist, sondern letztlich deren Aufhebung als begrenzt welthaftes Erscheinensgesetz.

Ist nämlich das absolut phänomenologische Leben *immer* am Werk, dann kann Schwächung der äußeren Wahrnehmung und Projekte durchaus eine innere Steigerung noch zulassen und fordert sie geradezu heraus. Denn *jeder* Lebensaugenblick im Alter gewinnt eine neue Kostbarkeit, eine intensivere und ausschließlichere Weise, das Leben rein *als* Leben in der Absolutheit seines Sich-gebens im Sinne der Selbstgewährung von Leben überhaupt zu empfinden. Werden mithin die Weltmaßstäbe der Empfindung als Vorstellung nicht hypostasiert, sondern dem Alter die ihm eigentümliche »Zeit« für das bewusstere Durchleben der inneren Lebensintensivierung als genau diese sich steigernde Historialität des Lebens zugestanden, dann steht eine solche, immanent »affektive Differenz« des Alterns der originären Lebendigkeit des Lebens in anderen Lebensphasen in nichts nach. Je mehr das Altern aus unserer Alltagswelt jedoch verbannt wird, desto schwieriger wird es auch sein, diese immanente Notwendigkeit des »Zu-Grunde-gehens« wirklich präsent zu halten, um stattdessen alles nur an *Zeitabläufen* zu messen, und seien diese diachronisch, das heißt letztlich »wider-sinnig«.

Denn mit der Rückläufigkeit und der schließlichen Aufhebung der Zeit tritt auch der messbare und überprüfbare *Sinn* zurück, um einem Leben dennoch in unseren Augen noch eine letzte Würde zuzusprechen. *Würde* entscheidet sich in der Tat ausschließlich durch ein individuell empfindendes Fleisch als unmittelbare *Leiblichkeit* des Lebens, deren phänomenologische Materialität das Empfinden selbst ist. »Würde des Alterns« entspräche daher dem Grundsatz, dem Empfinden als solchem seine bis in den Tod hinein nicht zu leugnende Individualität anerkennend zukommen zu lassen, denn es gibt nichts Anderes, was uns letztlich bliebe, um unsere menschliche Bestimmung in der Reinheit ihres Wesens auszutragen. Das Altern zeigt uns somit ohne verstellende Vorstellung, wovon wir reell in jedem Augenblick leben (auch wenn uns solcher Augenblick in den anderen Lebensphasen zuvor kaum als »Altern« bewusst wird), nämlich vom Sich-geben des Lebens in der immer gestifteten inneren Gewissheit desselben. Denn jeder vergangene Augenblick bedeutet tatsächliches *Altern* in der Zeit, ohne dass jedoch eine solch zeitliche Vergangenheit in ihrer biographischen Zunahme auch das rein phänomenologische Leben selbst altern ließe, weil dieses sich in jedem Augenblick selbstaffektiv *neu* gebiert, um so eins mit sich in seinem Grund und Ursprung zu sein.

Über das Kranksein

Es ist eine alte Frage seit Platon und dem Beginn der Medizin als Wissenschaft bei den Griechen, ob das Wesen des Menschen sein Krankwerden mit einschließt oder nicht. Da wir *phänomenologisch* die Krankheit als ein an das sinnliche Erleben gebundenes Geschehen nicht einfach mehr der *animalitas* allein überlassen können, um darüber ein rein geisthaftes Leben des Menschen zu stellen, welches ihm eine Teilhabe an den unsterblichen Ideen einer göttlichen Vernunft erlaubte, wollen wir die »Krankheit« auf jener Schwelle aufgreifen, wo sie ein allgemein gegebenes Empfinden der Grenze und Schwäche impliziert. Jeder, der krank ist, wird auf die eine oder andere Weise durch sein vitales oder organisches Empfinden sich selbst gegenüber eingestehen müssen, dass er »anders geworden ist«. In einem begrenzbaren oder umfassenden Sinne für die leiblichen wie sonstigen Vermögen heißt dies, dass die gewohnten Abläufe gestört sind. Es sind Behinderungen eingetreten, die das Anders-geworden-sein als eine Weise des *Nicht-mehr-Könnens* erfahren lassen, oder zumindest als ein Können, welches sich nicht mehr mit den selbstverständlich leichten und umfassenden Vollzügen zuvor vergleichen lässt.

Hiermit beschreiben wir keinen zunächst objektiven Krankheitsbefund, sondern einen subjektiven, und selbst die Medizin weiß, dass ein »objektives« Krankheitsbild als Symptom oder Organschädigung nicht unbedingt auch *subjektiv* als gravierend oder beeinträchtigend erlebt werden muss. In der

»Krankheit« als subjektivem Empfinden wird vor allem die phänomenologische Leiblichkeit thematisch, das heißt ein bestimmtes Empfinden als Schmerz oder Schwäche kristallisiert sich zum Pol besonderer Aufmerksamkeit und Berücksichtigung. Das bisher ganz spontan fungierende Können des Leibes mit all seinen unbefragten Leistungen erfährt eine merkliche Veränderung, indem es im zuvor erwähnten Sinne zu einem Weniger- oder Nicht-mehr-Können wird. Insoweit solche Begrenzung zunächst rein als *Grenze* eines bislang selbstverständlichen Tuns erlebt wird, bleibt sie ausschließlich negativ akzentuiert und verstärkt die Sorge um die Integralität des Leibes und des Ich, sofern Letzteres sich im Sinne Husserls praktisch immer als ein »Ich-kann« weiß und erfährt. Wie in der Schwäche als Müdigkeit oder Altern wird das subjektive Empfinden gleichzeitig in der Krankheit auf eine unausweichbare *Passivität* zurückgeworfen, welche wir hier insbesondere im Bereich der leiblichen Sphäre betrachten wollen, ohne seelische Krankheiten davon ganz auszuschalten, weil ein solcher Dualismus im phänomenologischen Leiberleben nicht gegeben sein kann.

Erfährt sich der gesunde Leib mithin als ein ununterbrochenes Ich-kann, dem nur die Weltgegenstände ein Hindernis bedeuten, an denen die subjektive Kraft gesteigert zu werden vermag, so tritt mit der Krankheit ein solches *Hindernis* im Inneren des Leibes selbst auf. Die Organe brechen sozusagen ihr bisheriges Schweigen und manifestieren sich nicht mehr nur als selbstbewegtes Korrelat unserer Anstrengungen, sondern eben als eine fühlbare Grenze derselben im Selbstempfinden des subjektiven Leibes. Beim normalen Atmen wölbt und senkt sich der Brustkörper beispielsweise durchgehend im ungegenständlichen Atemraum der entsprechenden Organe, aber ein Asthmakranker wird denselben Atemraum als Beklemmung und Enge erfahren, wodurch seine Aufmerksamkeit fixiert ist und mit zunehmendem Beklemmungsgefühl jeweils auch die Angst sich steigern kann. Die erlebte Grenze des eingeschränkten Ich-kann in der Krankheit ist also gerade kein nur medizinisch oder psychosomatisch feststellbarer objektiver Tatbestand, sondern es handelt sich dabei um ein Erleben der Subjektivität insgesamt, so dass es eben kein Kranksein ohne eine besondere Mitgegebenheit des Affektiven gibt.

Betrachten wir die erwähnten Phänomene des Krankseins insgesamt, das heißt die Leib- oder Organgrenzen unter dem ebenso fundamentalen wie originären Gegebenheitsaspekt der Passivität, welche zugleich die anfangshafte *Kraft* des Ich-kann birgt, dann nähern wir uns dadurch dem Krankheitsgeschehen als einer besonderen *Offenbarungsweise* der inneren leiblichen Affektivität an. Im Gefühl der selbstverständlichen Anstrengung oder Intentionalität, welche den unmittelbaren Leibstatus im Sinne innerer Selbstbewegtheit darstellt, erfährt sich das *Ich*-kann nicht selbst an eine innere Passivität zurückgebunden, in welcher sich die Kraft der dynamischen Leibaffektion zunächst selbst als ursprüngliche Passibilität entgegennimmt. Letztere erscheint unter anderem erst mit der Krankheit oder jeglicher Form von Schwäche, insofern die erwähnte Selbstverständlichkeit des Leibfungierens als *unterbrochen* auftritt. Das Ich-kann-nicht-mehr-so-wie-bisher erweist sich als ein sich selbst erleidendes Ich-kann, anders gesagt als ein Ich-kann im Modus seiner inneren Passibilität, welche an die Lebensselbstaffektion in deren nicht erinnerbarem Vergessen zurückverweist. Das Kranksein als sichtbares oder feststellbares Phänomen gehört also nicht *eo ipso* zum »Wesen« des Menschen, *wohl aber gehört die abgründige Lebenspassibilität dazu*, ohne selbst in irgendeiner Weise eine Krankheit zu sein – denn das Leben als solches kann niemals erkranken, so wie es auch nicht vernichtet werden kann oder stirbt.

Folglich ist ebenfalls das Gefühl des Krankseins selbst kein krankes Gefühl, sondern es verweist *als* Gefühl der

Schwäche, Begrenzung oder Behinderung auf die innerste materiale Substanz aller affektiven Leiblichkeit, nämlich auf die in jeder Kraft prinzipiell gegebene Urpassibilität des Lebens. Es gibt demzufolge ein »Leiden« im Leben, welches als rein immanentes Sich-selbst-Erleiden des Lebens die absolute Bedingung für jede Krankheit darstellt, welche als körperliches oder seelisches Leiden erfahren wird (Henry 2005, 124 ff.). Woran das Leben leidet, kann radikal phänomenologisch nur es selbst sein, was einschließt, dass es mit dem gesamten Gewicht seiner selbst auf sich lastet, um zur »Last« seiner selbst zu werden, wie wir schon sagten. In jeder Krankheit wird daher das affektive Empfinden in den Mittelpunkt des Erlebens gerückt, denn die Sinnlichkeit als reine Affektivität ist letztlich der Grund für alles Empfinden. Das Leben leidet in der Krankheit mithin *an sich selbst*, insofern sein Wesen des reinen Empfindens in der Form subjektiver Leiblichkeit zutage tritt (was das Seelische mit umfasst), um gerade diese Subjektivität für sich selbst zur Frage werden zu lassen.

Als ungetrübtes und durch nichts behindertes Ich-kann ist die wahrnehmbare Subjektivität ganzheitliches Verfolgen ihrer intentionalen Entwürfe auf die Welt zu, um sich im Selbstgenuss der Erfüllung ihr »Ich« bestätigen zu lassen. Ein solch subjektiver Selbstgenuss des Ich in genau dieser Gestalt ist in der Krankheit nicht mehr möglich, so dass die »Sorge« um das Ich in seiner leiblichen Unversehrtheit zum neuen, wenn nicht sogar ausschließlichen Ziel des Kranken wird. Aber indem die Krankheit die welthafte Absolutheit der Sorge als Selbstentwurf schlechthin in Frage stellt, taucht mit der »Last« der Subjektivität im Leiden ebenfalls die »Last« des reinen Lebens empor. Das Empfinden ist nämlich nicht primär und vor allem Selbstgenuss des Ich, sondern Manifestation des originären Sich-selbst-Empfindens des Lebens, dessen urpassible Weise das *Mich* ist. Damit tritt in der Krankheit ein Konflikt zwischen Ich/Mich auf, das heißt der mehr oder weniger starke

Wunsch je nach Krankheit, nicht mehr ausschließlich oder teilweise dieses passible Mich sein zu müssen. Die Verzweiflung, welche in Form von Traurigkeit oder Depression meist mit diesem Konflikt einhergeht, ist der innere oder »seelische« Ausdruck, welcher sichtbar oder insgeheim jedes Kranksein begleitet.

Wir sprechen daher hier nicht davon, dass Krankheiten geheilt werden können und auch geheilt werden sollen, wo immer es möglich ist. Wir fragen nur, ob Krankheiten besonders unter ihrem immanent subjektiven Aspekt nicht außerdem noch eine zusätzliche phänomenologische Gegebenheit darstellen, welche in Verbindung mit »Heil« und »Heilung« überhaupt zu sehen ist. Folgt man klassischen Texten zu Krankheit, Trost und Heilung, wie etwa Boethius' »Trost der Philosophie« (524 n. Chr.), Pascals »Gebet um den rechten Gebrauch der Krankheit« (1666), Kierkegaards »Krankheit zum Tode« (1849) oder Rosenzweigs »Büchlein vom gesunden und kranken Menschenverstand« (als unveröffentlichte Prolegomena zu seinem 1921 erschienenen »Stern der Erlösung«), dann erkennt man deutlich die Weite und Tiefe der Fragestellung: Krankheit ist dann im Letzten kein bloßes Problem unseres jeweiligen »Psychophysikums«, sondern immer auch eine zentral *geistige Herausforderung*. Letztere besteht darin, dass wir uns in der Krankheit mehr oder weniger intensiv darauf zu besinnen haben, worauf wir uns als Menschen letztendlich selber *gründen* wollen.

Indem wir solchen Grund hier wie an anderen Stellen im Selbstempfinden des Lebens als dem reinen Mich unserer Subjektivität ansetzen, entfallen notwendigerweise transzendente Welt-, Sinn- und Hoffnungsbezüge als Quelle lebendiger Heilung. Wie die Krankheit, vermag nämlich gleichfalls solche Heilung allein vom Leben selbst her zu kommen, weil es das einzige »Heil« ist, welches sich auf nichts Anderes mehr zu stützen hat – und sich darin von allen anderen Dingen und

Bezügen unterscheidet. Sich auf nichts Anderes mehr stützen zu müssen, bedeutet in diesem Zusammenhang daher, jene rein immanente Kraft des Lebens in Anspruch zu nehmen, mit der es sich selbst ursprünglich ins Leben bringt, mit anderen Worten sich selbst in sich selbst als Leben gründet. Heil ist somit kein Gegenstand der Hoffnung außerhalb von uns, wodurch es nur eine Variante des unendlich-endlichen Sorgecharakters wäre, der sich ständig in sich selbst als seine eigene Unerfülltheit reproduziert. *Leben als Heil* meint angesichts des hier betrachteten Krankseins, dass das Leben sich mir über die Erfahrung des reinen Mich als die ungetrübte Quelle meiner Subjektivität offenbart.

Eine »heil« durch die Krankheit gegangene Subjektivität besitzt keine Illusion mehr hinsichtlich der ursprünglichsten »Last« des Lebens, von der Nietzsche sagte, dass sie für jedes Gesundwerden entschiedener auf uns zu nehmen sei: »Krankheit ist jedes Mal die Antwort, wenn wir an unserem Recht auf *unsere* Aufgabe zweifeln wollen, wenn wir anfangen, es uns irgendwie leichter zu machen. [...] Und wollen wir hinterdrein zur Gesundheit *zurück*, so bleibt uns keine Wahl: wir müssen uns *schwerer* belasten, als wir je vorher belastet waren ...« (II, 1055: Wie ich von Wagner loskam). Dies ist keineswegs ein a-pathischer Stoizismus, welcher die Freude des Lebens nicht mehr kennt, sondern vielmehr ein radikal phänomenologischer Hinweis darauf, dass Krankheit als »Belastung des Lebens« uns mit dessen eigener Last als dem innersten Grund des Lebens konfrontiert – mit seiner Selbstbeladenheit in sich selbst. Sie in der Krankheit unmittelbar verspürt zu haben, heißt dann, diese innere Selbstbeladenheit des sich selbst affizierenden Lebens nicht mehr zu verkennen, sondern weiter zu tragen – und zwar, bis ich erneut vor die Füße solcher Erprobung geworfen werde, um am gleichzeitig darin beschlossenen »Heil« nicht irre zu werden.

III.
LEBENSETHIK

Hass und Nächstenliebe

Hass möchte vernichten, was vermeintlich nicht sein soll; Nächstenliebe bejaht jedes individuelle Eigensein in seinem sich gebenden *Sosein*. Die Ebene, auf der sich Hass in Nächstenliebe wandeln kann, ist folglich die Ebene des Singulären als des Partikulären, das heißt jene lebendige Dimension, in welcher das Einzelne gegenüber allem Anderen zum Einmaligen wird und von keiner abstrakten Allgemeinheit mehr angemessen umfangen werden kann. Damit gäbe es einen strukturellen Bezug des Hasses zum Allgemeinen, und zwar als die Inanspruchnahme einer expliziten oder impliziten *Ordnung*, die dem Sosein des rein Individuellen das Existenzrecht abspricht. Weil jedoch solche Existenz von keiner allgemeinen Ordnung selbst begründet wird, sondern im Leben als originäre Geburt ermöglicht wurde, schlägt der Hass fast notwendigerweise in Gewalt um, um zu vernichten, was in seiner absolut individuierten Faktizität Anarchie zu jeder Ordnung bedeutet.

Wir wollen hier noch nicht diesen Umschlag von Hass in Gewalt im Einzelnen betrachten, sondern vielmehr den Hass als ein inneres Gefühl verstehen, welches alles Andere in seiner Eigenart verneinen muss, um sich scheinbar selbst rechtfertigen zu können. Das *Ich* im Hass erblickt nur *seine* Ziele, welche Verneinung anderer Lebensweisen und Intentionalitäten beinhalten, weil diese durch die Infragestellung des lebendigen Andersseins keinen Platz in der Ordnung des Hasses besitzen. Dieser Ausschluss »fremden« Soseins gründet damit jedoch noch tiefer in einem Ausschluss seitens des Hasses gegenüber dem eigenen »Selbst«, denn dieses besitzt nichts Bejahenswertes mehr, *insofern* es *bejahen* würde, sondern nur *insofern* es *verneint* – und durch solche Verneinung prinzipielle Vernichtung verfügt. Ein Ich solcher Verneinung ohne weitere Bejahung außer der »Bejahung« der Verneinung verzehrt sich innerlich selbst, bis es sich schließlich selber in die Vernichtung mit hineinreißt, die allem Anderen zugedacht ist. Der Hass als Leidenschaft leidet mithin an jener Verneinung des Selbst, welches in seinem Selbstsein keine Positivität mehr zu entdecken vermag, welche für sich selbst zu bejahen wäre, ohne einer Ordnung der Vernichtung anheimzufallen.

Im Hass als Leidenschaft scheint sich das Leben daher selbst zu verzehren, indem es nur »darauf brennt«, alles in den Taumel der Vernichtung hineinzureißen. Aber genau dies ist der geheime Widerspruch des inneren Hasses, denn an sich verzehrt sich das Leben – gemäß seiner phänomenologischen Natur – darin, *sich selbst in allem weiterzugeben, um sich in allem wiederzuentdecken*. So ist noch nie ein großes Werk aus dem Hass entstanden, sondern nur Kriege der Unterwerfung und Regime der Unterdrückung, welchen stets eine imperiale Struktur anhaftet, das heißt eine Oben/Unten-Ordnung, in der alles vernichtet wird, was sich ihr widersetzt. Die Ordnung des Hasses ist damit, wo sie nicht gleich ins Töten umschlägt, eine grundsätzliche Disposition zum Tod, welcher den Anderen zumeist ohne weitere Begründung dort erreichen wird, wo er als verwundbarer Leib exponiert ist. Die ideologische Verbrämung dazu lautet Rasse, Nation, Unglaube, Fortschritt usw.

Insofern können private wie staatliche Reiche, welche auf Hass gründen, durchaus ihre Zeit dauern, weil sie alles Lebendige lähmen, insoweit sie es nicht der Vernichtung überliefern. Solche Lähmung nach außen entspricht der inneren Lähmung, nämlich am eigenen Leben nicht mehr zu empfinden, was

Recht auf Existenz außerhalb des Hasses besäße. Ist diese Lähmung die letzte innere Möglichkeit des subjektiven Lebens, um sich selbst zu schützen und eines Tages – trotz allem – den Hass überwinden und verlassen zu können? Denn im Hass auf sich selbst wie auf Andere als Leidenschaft der Verneinung erträgt sich das Leben in solcher Leidenschaft immer noch selbst – und *liebt* sich damit, auch wenn durch die Lähmung solche Liebe des Lebens zu sich selbst nicht mehr durchzubrechen scheint. Stößt der Hass irgendwo auf reine Nächstenliebe, so offenbart ihm diese Liebe »von außen«, was noch an wahrem Leben in der Leidenschaft des Hasses gegeben ist: Dieser kann sich daher mit der inneren Kraft der verbleibenden Lebensleidenschaft gegen die Leidenschaft des Hasses wenden, um auf diese Weise aus dem selbst verfügten Gefängnis auszubrechen.

Insofern ist Nächstenliebe eine Lebensnotwendigkeit, welche in keiner Gesellschaft fehlen darf und auch nie fehlen wird. Denn die Nächstenliebe ist nicht etwas, das zufällig zum Leben als solchem hinzuträte, sondern dessen innerste Weise, es selbst zu sein – sich selbst zu lieben, und damit alles, was in seiner Besonderheit in die Gemeinschaftlichkeit des Lebens eintritt. Unter ethischem Gesichtspunkt wäre die Nächstenliebe mit anderen Worten das *tatsächlich ausgeübte Wesen des Lebens;* seine Gemeinschaft stiftende Selbstaffektion als Gabe des innersten Vollzuges, alles zu verlebendigen, was es in seine Hände nimmt. Auf diese Weise wird das Verzeihen von Hass nicht zu einer Schwäche degradiert, sondern im Verzeihen erweist sich die Selbststärke des Lebens, die innere Bejahung seiner selbst niemals in Frage gestellt zu sehen, weil es sich aus prinzipiellen Gründen sich selbst gegenüber gar nicht die Frage stellen kann, ob es das Leben sein soll oder nicht. Das »Ist« des Lebens ist demzufolge in gleicher ontologischer wie ethischer Unmittelbarkeit seine »Nächstenliebe«.

Im inneren Brand der Nächstenliebe als ununterbrochener Selbstentzündung des Lebens »erkennt« der Hass das lähmend Ausgesparte seiner eigenen Leidenschaft wieder. Was Saulus zu Paulus werden ließ, besteht darin, dass er in den hassvoll Verfolgten eine Kraft erkannte, welche sich nicht mit Gewalt zerstören ließ. Könnte der Hass alles zerstören, wie es durchaus in seiner Intention liegt, dann wäre die Welt schon lange an ihrem Ende, denn eine Ordnung des Hasses allein vermag keine Welt mehr zu garantieren – sie bedarf der Zustimmung des Lebens, um als Welt-für-das-Leben fungieren zu können. Die Absolutheit des Lebens ist diese Zustimmung, welche als Möglichkeit der Verlebendigung alles affiziert, was sich als Leben affiziert – und so prinzipiell keine Schranke kennt, wie die mögliche Überwindung des Hasses zeigt. Wir sollten uns also von den so genannten »negativen« und »aggressiven« Gefühlen nicht beirren lassen, aber auch nicht von den weniger gewaltsamen Ordnungen einer scheinbaren »Gegen-Ordnung« zum Hass, welche diesem den Krieg ansagt. Im Krieg entdeckt der Hass nur seine eigene Logik wieder und wirkt dann mit doppelter Gewalt zerstörend weiter, weil er nunmehr seine eigene Rechtfertigung nicht nur in sich selber zu lesen vermeint, sondern ebenfalls beim Anderen: »Wir sind es den Toten schuldig!«, so lautet der Schlachtruf des kriegerischen Hasses, der sich mit jedem Getöteten weiter nährt.

Diese bekannte »Todesspirale« des Hasses entstammt dem selbst verfügten Tod durch jenes Ich, welches – wie gesagt – keiner Bejahung mehr fähig ist. Woher sollte solcher Tod von anderswoher aufgehoben werden, wenn nicht durch jenes Leben, welches in sich reine Bejahung ist? Der Hass offenbart uns damit eine absolute Situation, das heißt ein letztes Bedingungsgefüge von Sein und Nichtsein, wo wir auf unsere unverzichtbare Lebensquelle zurückgeworfen sind. Lässt sich dem Hass nicht anders denn mit dem Leben begegnen, dann bedeutet dies, dass das Leben in seiner inneren Selbstbejahung als Selbstliebe jene letzte Wirklichkeit ist, auf deren Grundlage überhaupt Veränderung von scheinbar verfestigten Ordnungen des Hasses und der Verneinung möglich ist. Alles Lebensbejahende hat daher Anteil an dieser absoluten »Grundordnung« der Verlebendigung, die von keinem anderen Prinzip mehr abgeleitet zu werden vermag als von sich selbst. Deshalb ist es in der Tat notwendig, dass Ordnungen auch immer wieder zerbrechen, um ein deutlicheres Gespür für das eigentlich Lebensnotwendige neu zu entdecken.

In *allen* Gefühlen das Leben als solches zu empfinden, ist daher kein frommer Wunsch, sondern eine immanente Lebensnotwendigkeit, um eine Welt-für-das-Leben überhaupt in Augenschein nehmen zu können. Insofern hatte Nietzsche recht, dass die »Stärke« das Leben schlechthin herausfordert, aber nicht als eine besondere Rasse und Klasse von »Übermenschen«, sondern als letzte phänomenologische Einsicht in das Wesen des Lebens als solchem, welches uns immer als »Kraft« zuinnerst selbst bewegt – und in der Nächstenliebe in besonderer Weise, weil sich ihre scheinbare Schwäche »im Bündnis« mit allem individuellen Leben letztlich als einzige Veränderungsmacht erweist, und zwar eben auch dem Hass gegenüber, wie wir sahen, selbst wenn dieser äußerlich zu siegen scheint.

Denn ist die innere *affektive* »Geschichtlichkeit« unserer dokumentierten Geschichtszeit als »Historie« schon tatsächlich geschrieben? Ist bereits jemals in Zeit und Raum entschieden, welche Gefühle den »Sieg« davontragen werden, solange das Leben noch an kein Ende gekommen ist – und auch nie kommen wird? Die enge Verbindung von Hass/Liebe ist damit keine bloß unbewusst neurotische Verquickung mit weltweiten Konsequenzen heute, sondern sie impliziert eine Zukunftsentscheidung, an der alle einzelnen Empfindungen teilhaben, denn als Freude/Schmerz neigen sie leicht einer Festschreibung im Hass zu, sofern der Schmerz zur Unerträglichkeit führen kann und alles in *Ressentiment* und Hass hinüberzugleiten scheint. In der Gewalt ist die Liebe dann gänzlich herausgefordert, das ihr Eigentümliche in sich selbst und der Welt zu offenbaren. Diese Rolle des Ressentiments werden wir noch aufzugreifen haben, aber wir dürfen eben auch nicht vor der Verbindung von Schmerz und Hass die Augen verschließen, weil eben zu großes Leid nicht selten in die Verhärtung führen kann.

Ist das Leid nämlich so groß, dass keine Welt als Gewährung von Ersehntem mehr zu bestehen scheint, dann führt solche Unerträglichkeit über die Abwesenheit an freudigem Weltsein hinaus – noch tiefer gesehen – in die Abwesenheit des Freudegefühls überhaupt. Und ein Leben ohne Freude treibt in den Wahnsinn, wie ebenfalls schon Nietzsche wusste: in den Wahn-sinn des Hasses und der oben festgehaltenen Selbstverneinung. Die Wirkweise der Nächstenliebe ist damit auf das Sich-wieder-freuen-Können bezogen, mithin darauf, sich bejahen zu können, weil die Freude das Leben und damit ihre eigene Ermöglichung bejaht, nämlich das eigene Sein in seiner rein subjektiven Erprobung.

Hass vermag deshalb letztlich nie von außen aufgelöst zu werden, sondern es müssen sich die stärksten inneren Quellen dazu erschließen, um ihn zu überwinden. Mit anderen Worten bedeutet die wiedergefundene Freude die affektive Relation zwischen der Liebe des Lebens und der Liebe zu einem selbst, welche der Grund aller Freude ist, nämlich Bejahung dessen, was als eigene Existenz gutgeheißenes Sosein ist, um auch anderes Sosein bejahen zu können. Einen tiefen Hass zu durchleben, rührt daher an die innerste Lebensaffektion selbst – und wie alle starken Gefühle kann er aus diesem Grunde auf keinem niedrigeren Niveau gelöst werden als auf dem der stärksten Selbstumschlingung des Lebens als Liebe zu sich selbst. Daher steht mit unserem reinen Fühlen an der Grenze nie nur irgendeine psychologische »Emotion« auf dem Spiel, sondern das Wesentliche des Lebens selbst, welches wir als je absolute Individuen im Sinne einmaliger Lebensaffektion sind, die stets in ihrer inneren »Geschichtlichkeit« des Empfindens verwirklicht sein will.

Ressentiment und Gewalt

Dass das Leben als Unerträglichkeit erfahren werden kann, gehört sicherlich zu jenen Empfindungen, die keinem Menschen ganz fremd sind. Dass aber Gewalt aus diesem inneren Erleben hervorbricht, tritt nicht immer als Zwangsläufigkeit ein und zählt damit zu jenen Phänomenen, die in das innerste Wesen unseres subjektiven Lebens selbst gehören und nicht bloß durch Charakter und gesellschaftliche Umstände erklärt zu werden vermögen. Gehen wir daher noch hinter Psychologie und Soziologie zurück, und klagen wir auch nicht die Politik an, sie sei an allem schuld, dann verweist die Unerträglichkeit des Lebens letztlich auf eine innere *Ursituation* zurück: Wir sind derart dem Leben ausgeliefert, dass wir ihm zu keinem Augenblick entkommen können. Diese absolute Situation, vor allen besonderen Situationen in der Welt, vom Leben unaufhebbar umklammert zu sein, uns mit diesem Leben beladen zu erfahren, ist eine erste ursprüngliche *Gewalt*, die nicht *wir* Anderen zufügen, sondern die *uns* zugefügt wird. Dies ist der rein phänomenologische Sinn von Affektion als einem »Antun« *(af-ficere)*, welches unser Gefühl, ohne Unterbrechung im Leben zu sein, mit jenem anderen Gefühl verbindet, niemals aus ihm heraustreten zu können.

Die im Außen erscheinende Gewalt, sei es als Selbstaggression oder als physische und seelische Brutalität Anderen gegenüber, ist genau jener Versuch, aus der absolut affizierenden Selbstbindung des Lebens an sich freizukommen und der

Unerträglichkeit solcher subjektiven Lebensumschlingung einen Ort in der Welt zuzuweisen. Damit erklären sich nicht nur alle ideologischen Versuche, dem Opfer vorher und nachher auch noch die Schuld am Geschehen der Gewalt zuzuschreiben, sondern ebenfalls der fast *mechanische* Verlauf der Gewalt, das heißt jener innere Eindruck aufseiten des Täters, vor oder innerhalb der Gewaltausübung nicht einhalten zu können. Beide Aspekte tragen phänomenologisch den Charakter der *Objektivierung*, denn die Schuld im Anderen zu sehen, bedeutet, ein scheinbar Böses im Außen zu lokalisieren, so wie wir es mit allem Gegen-ständlichen tun. Und vorzugeben, nicht mehr einhalten zu können, weil der aggressive Trieb zu stark sei, schließt bereits ein, sich selbst wie einen Mechanismus vor und während der Gewalttat betrachtet zu haben. Dieser Mechanismus ist nicht das Erste oder der Ursprung der Gewalt, weil jeder Mensch als Lebendiger zunächst sein rein subjektives Empfinden kennt, welches alles andere als ein Mechanismus ist, nämlich gerade die unendliche Gefühlsveränderung von Freude und Schmerz, durch die hindurch wir das alltägliche oder große Glück des Lebens schlechthin empfinden.

Die innere affektive Wurzel des Mechanismus zur Gewaltbereitschaft ist daher das *Ressentiment,* denn dieses Wort bedeutet das gegen einen selbst gerichtete Gefühl: Ich habe mich satt; ich kann nicht mehr; ich will nicht mehr … Eine solche Einfärbung unseres Wollens als Nicht-wollen steht dem inneren Wollen des Lebens genau gegenüber, denn das rein phänomenologische Leben will sich in allem als sich selbst erfahren, das heißt, sich in den Möglichkeiten seines Empfindens steigern. Die latente oder äußerste Erfahrung der Unerträglichkeit des Lebens scheint gerade diese Steigerung nicht mehr zu erlauben. Und wenn einmal der innere Eindruck entstanden ist, dass das Leben nicht mehr mit der eigenen inneren Kraft verändert zu werden vermag, dann tritt zusätzlich eine gefährliche *Selbstabdankung* ein: nicht mehr ich selbst in diesem subjektiven Empfinden sein zu wollen. Da aber das Leben unerschütterlich weiterhin in seiner Bewegung anströmt, mit anderen Worten nicht aufhört, mich als einen Lebendigen zu affizieren, wendet sich diese Abdankung als Ressentiment gegen sich selbst: Ich will nicht mehr der sein, der ich bin!

Nicht selbst mehr (so) sein zu wollen, hebt mithin keineswegs jenen affektiven Trieb auf, welcher unter dem Gewicht des anströmenden Lebens geboren wird. Und mit ihm ereignet sich auch die *Angst* vor diesem Trieb, denn wenn ich ihn nicht aktiv oder kreativ in ein lebenssteigerndes Tun umzusetzen vermag, dann setzt der zuvor genannte »Mechanismus« an dieser Stelle ein: Wenn ich nicht sein darf, wie ich sein möchte, um das Leben selbststeigernd zu erfahren, dann darf es im Grunde auch kein Anderer – so dass sich das Ressentiment zum *Hass* auf alles wendet, was mich irgendwie an etwas Lebendiges erinnert: auf die Kinder, die Frau, die Fremden in ihrer Eigenart. Mit dem Hass als Gefühl gegenüber dem Außen stehe ich jedoch schon gänzlich in der Perspektive der verobjektivierenden Wahrnehmung. Alles, was am Anderen erscheint, seine Stimme, sein Haar wie seine Hautfarbe, sogar sein Lachen, sind dann hassenswert. Und am Ende einer solch inneren Entwertung steht der Andere schließlich als ein bloßes Objekt da, auf das ich einschlagen kann, denn in dieser Phase ist er für mein »Bewusstsein« wirklich *nur* Objekt und *kein* Lebendiger mehr in all dem Reichtum seiner individuellen Einmaligkeit.

Was im Innersten der Gewalt als äußere Tat sichtbar geschieht, ist mithin ein zutiefst Unsichtbares, in der Sprache der Phänomenologie ein *absolutes Grundgeschehen.* Das Leben gibt sich an unserem vorzeitlichen Ursprung des reinen Mich trotz seiner unaufhaltbaren Gewalt als *Gabe,* und unser gesamtes individuelles Leben in seiner Subjektivität ist genau jener innere – das heißt geduldige, schmerzhafte wie freudige – Prozess, der Gabe des Lebens in dessen Anfangsgewalt selbst innezuwerden. Ein solch unsichtbares Geschehen beinhaltet daher, dass ich das Erdrückende des Lebens trotz allem als ein rein Gewährtes, als ein durch nichts erwerbbares und verdientes Empfangen empfinden lerne. Die Gewalt des Lebens ist also sozusagen nicht sein letztes Wort; sondern in seiner mir zugefügten Gewalt, als dieses Ich existieren zu müssen, welches ich bin, sagt sich das Leben selbst mir zu, um dieses Ich überhaupt sein zu können. In der reinen Passibilität meines ursprünglichen Mich ohne Freiheit von meiner Seite höre ich, empfinde ich die reine Gabe des Lebens als dessen Sich-selbst-Geben. Und diese Gabe des Lebens ist kein Etwas, sondern sein stetiges Vermögen, in dem all unser Tun möglich bleibt.

Daher ist auch in der ausgeübten selbstzerstörerischen oder nach außen geleiteten Gewalt das Leben mit sich, das heißt in mir, nicht am Ende seiner Möglichkeiten. *Denn die Kraft, mit welcher die Gewalt geschah, hebt die Gabe des Lebens auch in dieser Zerstörung nicht auf.* Und allein diese unaufhebbare Gegebenheit in Opfer wie Täter hebt ebenfalls auch deren spätere, prinzipiell immer mögliche Versöhnung durch Schuldanerkennung und Verzeihen nicht auf. Auf diese Weise bleibt die Gewalt (bei aller unmissverständlichen Notwendigkeit ihrer ethischen, gesellschaftlichen wie juristischen Ächtung) gerade ein Weg, des innersten Geheimnisses, des Maximums menschlichen Erfahrens innezuwerden, dass wir in der Tat von einer Gabe – oder Liebe – leben, die uns immer schon voraus ist, und zwar in jedem Tun wie bei jeder eingeleiteten »Resozialisierung«. Natürlich beschreiben wir hier den phänomenologischen Wesensfall, der aber in den kleinen und kleinsten Schritten von Erziehung, Beratung und Therapie etwa vorausgesetzt ist, um ein individuelles Leben vom Ressentiment gegenüber sich selbst und Anderen wieder zur Annahme seiner selbst und der Anderen zu führen. Wenn es einer solchen Resozialisation gelingt, dieses innere Lebenswissen auch noch in jedem Gewalttäter zu berühren, dann muss dies zunächst nicht mehr weiter religiös (etwa von der Nächstenliebe her) begründet werden, aber auch eine bloße »Rückführung in die Gesellschaft« griffe auf der anderen Seite zu kurz. Denn wohin ein individuelles Leben »zurückgeführt« werden soll, ist zu sich selbst als in sich selbst – zur Auflösung des Ressentiments gegenüber seinem einmalig subjektiven Leben.

Wie bei allen großen Einbrüchen in einem Menschenleben, sei es Passion, Verzweiflung oder Schuld äußersten Grades, ist auch in der Gewalt mithin das Leben nicht grundsätzlich an das Ende seiner Möglichkeit(en) gekommen, wie wir sagten, sofern es das innerste Prinzip aller Verwandlung bildet. Dies bedeutet in keinerlei Hinsicht, Gewalt irgendwie zu mystifizieren oder sogar zu verherrlichen, wie es heute direkt oder indirekt in gewissen Formen der »Unterhaltungskultur« geschieht. Aber auch eine biologistische oder sozialdarwinistische Betrachtung der dokumentierbaren Menschheitsgeschichte darf nicht darüber hinwegtäuschen, dass die Gewalt aus der Sicht des Opfers nie gerechtfertigt zu werden vermag, weil das Leiden des Opfers durch nichts aufgehoben wird – eben auch nicht durch den sogenannten »Fortschritt« der Geschichte. Das Leiden bleibt deren *ungeschriebene* Geschichte, insofern das, was im Innersten des Leidens als Ausgeliefertheit ans reine Empfinden des Schmerzes und der Ohnmacht erfahren wird, niemals archiviert und repräsentiert werden kann. Diese in keinem zeitlichen Gedächtnis niedergelegte affektive Historialität des Leidens bleibt als stummes Zeugnis gegen alle erfolgte Gewalt stets mitzubedenken, falls man zu einer Betrachtung der Geschichte vorstoßen will, welche stets eine Geschichte von und zwischen Lebendigen ist: getragen vom Affekt als Hass, Aggression, Gewalt und Erdulden, aber auch von Achtung, Liebe und Verzeihen.

Da es keine irgendwie magische Aufrechnung von Gewalt und Erleiden zu geben vermag, ist auch die Gewalt zu keinem

Zeitpunkt mit sich selbst zu einem Abschluss gekommen, sondern sie steht in einem lebendigen Austauschzusammenhang der Generationen, welcher erfordert, dass sie sich »auflöst«, um erneut zu jener heilenden Energie zu werden, die dem Leben in Gemeinschaft dient. Diese Umstrukturierung der Energien ist kein »anderes Leben«, so als würde im Gewalttäter rätselhaft dessen Leben durch ein ganz neues oder anderes ersetzt. Vielmehr vollzieht er diese Verwandlung mit seinen ihm *eigenen* inneren Kräften, welche Subjektivität nicht mehr als reine Last erfahren, sondern als Lebenkönnen im Sinne des Lebens selbst. Diese innerste Verwandlung ist als reine Absolutheit schwierig zu beschreiben, weil diese selbst sich wandelt, ohne eine andere zu werden. Insofern geschieht im Verzicht auf die Gewalt eine »Menschwerdung«, welche unserer Menschwerdung schlechthin gleichkommt, nämlich die Kraft des Lebens so in Anspruch zu nehmen, dass dabei die Illusion der Kraft als möglich einzusetzender Gewalt aufgehoben wird. Illusion und Absolutheit sind mithin auf eine äußerst subtile Weise je miteinander verbunden, indem solche Illusion von der Kraft der lebendigen Absolutheit lebt und diese für ihre eigene Kraft hält. Erkenntnismäßig ist diese Illusion nicht aufzuheben, weil das Ich der Illusion sich gerade für die letzte oder fundierende Instanz hält. Erst wenn tiefer als jedes Ich das reine *Mich* der Lebenspassibilität verspürt wird, kann sich die illusionäre Gewalt der größeren »Gewalt« des Lebens überlassen, weil eine Selbstlegitimierung als Selbstbeweis dann nicht mehr ansteht – die scheinbar innere Notwendigkeit wie Bitterkeit des Ressentiments überwunden ist.

In gewisser Weise lauert damit in jedem Gefühl Gewalt, denn ich kann es einsetzen, um meinen Herrschaftsanspruch über einzelnes oder alles Sein zu rechtfertigen: »Wenn du niederfällst und mich anbetest, gebe ich dir alle Reiche dieser Welt zur Herrschaft«, sagt der Versucher zu Jesus im Neuen Testament. Gerade an dieser Figur reinsten Lebens, das heißt als »Sohn« des Lebens oder Gottes, tritt somit eine Versuchung heran, die aus dem Leben als solchem aufsteigen kann – alle lebendigen Kräfte einzusetzen, um der Errichtung eigener Macht zu dienen, ohne nach der inneren Wahrheit des Lebens und der Anderen zu fragen. Wenn mithin hier in einer überaus klarsichtigen Weise die Gewaltversuchung vom reinen Leben nicht ferngehalten wird, sondern in dessen innerstem Kern selbst aufzubrechen vermag, dann ist an dieser Szene nochmals phänomenologisch nachvollziehbar, dass die reine Absolutheit des Lebens als »Gabe« oder »Dienst« gegen die ständige Illusion gewaltbereiter Selbstbestätigung eingesetzt werden muss, ohne in dieser leibhaften Gewissheit für unsere Wahrnehmung immer gegeben zu sein. Nur wenn wir tatsächlich in der Gewissheit des Lebens leben, ist die Gewalt keine wie von selbst sich auferlegende Evidenz mehr – sie scheitert am innersten Selbstverständnis des Lebens. Ist diese absolute Situation jedoch so schwierig zu durchschauen, dann dürfte auch auf die offensichtlichen Gewalttäter kein meist so abwertender Blick mehr fallen, denn ein solcher Täter *offenbart* – wie schicksalshaft – in seinem Leben, was im Grunde stets in unser aller Leben gegeben ist, nämlich Herrschaft durch Gewalt höher zu schätzen als Verlebendigung durch die rein »dienende« Gabe des Lebens.

Verstünden wir also, dass sich in den alltäglichen Gewaltberichten unserer Medien ein je äußerstes Drama des Menschseins als von innen her vereitelte Menschwerdung abspielt, dann würde auch unser eigenes Gefühl von Gewalt verändert – dass wir nämlich selbst durch unser Gefühl von Ressentiment und Lebensverdruss Nährboden für tatsächliche Gewalt mitverantworten. In dieser Hinsicht können wir daher nicht Andere der Gewalt anklagen, ohne uns selbst anzuklagen. Wir lehnten oben eine Geschichtsbetrachtung ab, in der sich irgendwie auf mysteriöse Weise Gewalt und Leid untereinander ausglichen. Aber wir können auch nicht davon absehen, dass in einer sich für postmodern haltenden Gesellschaft die Überwindung von Gewalt durch Erziehung, Gefängnisse und Resozialisierung keineswegs garantiert ist, geschweige denn ihre absolute Problematik beantwortet wurde. Aber *wie* wir mit dem »Bösen« umgehen, beginnt in uns selbst mittels der Selbststeigerung durch Gefühle, die an sich rein dem Leben geschuldet sind, um es nicht zu zerstören, sondern zu stützen und zu fördern.

Frustration und Kreativität

Wenn Dinge und Aktivitäten ihre Farbe und Anziehungskraft verlieren, weil sie nicht mehr dem inneren Lebensgefühl entsprechen wollen, dann bildet sich vor allem Ressentiment mit seinem Hass auf einen selbst und die Anderen zunächst die *Frustration* als seelisches Erleben heraus. Sie ist jener Affekt, der darin besteht, dass sich der Einsatz der Kräfte nicht mehr zu lohnen scheint, weil die Lebenssteigerung nicht mehr verspürt wird, welche uns an sich immer gegeben ist, indem sich das jeweilige Leben eines Individuums in seiner inneren Gewissheit ergreift. Letztere ist das rein praktische Wissen ohne besondere Reflexion oder ausdrückliche Thematisierung, dass *mein* Leben mit dem Leben *schlechthin* in Übereinstimmung ist, mit anderen Worten sich in allem Fühlen, Denken wie Tun als Lebendigkeit ohne Begrenzung erfährt. Diese Identität von Leben/Ich an der Quelle meines Selbsterlebens als seine Kontinuität oder als affektive Transparenz zum Leben als solchem hin bildet jenen Urmodus, in dem sich mir das Leben als passible Grundaffektion gibt, um darin zugleich das reine Mich mit allen Vermögen des Lebens auszustatten. Nur weil es eine so beschaffene Grundübereignung des Lebens als phänomenologisches Wesen meiner konkreten Lebendigkeit gibt, kann das korrespondierende Lebensgefühl als Glück oder Freude in allen Manifestationen des Lebens prinzipiell anwesend sein und entsprechend in der unmittelbar inneren Gewissheit mit vollzogen werden.

In der Frustration hingegen scheint diese Relation von Leben/Ich wegzufallen: Das Ich erfährt sich in seinem Tun als reine Mühsal, der kein »Erfolg« mehr beschieden ist. Und weil der Letztere auszubleiben scheint, verliert sich nach und nach auch jede *Motivation* für eine innere wie äußere Anstrengung, so dass die Frustration eben als Abwesenheit des Lebens in seiner originären Lebendigkeit selbst erfahren wird. Daher bedeutet die Frustration keinen harmlosen Zustand, denn sie birgt aufgrund dieses tief reichenden *Leeregefühls* alle Kompensationsversuche in sich, um noch einen Schein oder Ersatz von Erfüllung zu erhaschen oder herbeizuzwingen: außer Hass und Gewalt die anästhesierende Auslieferung an Bild- und Reizüberflutung jeder Art, welche sich auf ihre Weise dem Zustand des stoffgebundenen Drogenmissbrauchs annähern. Von etwas anderem als von sich selber her jedoch die freudige Übereinstimmung der eigenen Sinnlichkeit mit dem Leben zu erwarten, ist der erste Schritt auf dem Weg der Auslieferung an jene *Selbstabdankung*, welche in allen Prozessen der Lebenseintrübung mit Notwendigkeit sich einstellt oder ihr sogar vorausgeht. Denn insofern sich die Frustration sehr schnell mit dem Gefühl der *Langeweile* paart, welche Ausdruck der erwähnten Leere ist, besitzen die Dinge und Situationen keine Anziehungskraft mehr, weil ihnen eben von innen her kein *Wert* mehr zugesprochen werden kann.

Diese Abwesenheit des Bezugs von Leben/Wert, welche im Ich das Gefühl lähmender Leere aushöhlt, rührt insofern an das Grundempfinden meiner Lebendigkeit, als in der reinen Selbstgewissheit des Lebens dieses sich als *Werthaftigkeit* überhaupt erprobt, nämlich in allem Welt- und Selbstsein den *Wert für das Leben* wieder zu erkennen. Die Frustration (nicht nur im Sinne einer behavioristisch kurzfristigen Erfüllungshemmung, sondern als Lebens- oder Wertleere) birgt insofern eine große Gefahr für das Individuum in sich, als sie sich zunächst nur an der Oberfläche allen Erlebens auszubreiten scheint, um in allen Tätigkeiten etwas Vergeblichem zu begegnen. In Wirklichkeit ist jedoch in der Frustration keineswegs nur die Oberfläche aller Erlebnisse berührt, sondern deren tiefere Verbindung mit dem Lebenswert als solchem, was sich dann darin äußert, dass sich letztlich für das Frustrationsgefühl *nichts mehr lohnt.* Außer des Verlustes an Motivation zum Handeln sind auch die *Energien* dazu verlustig gegangen oder scheinen zumindest nicht mehr gegeben zu sein. Dieser Energieverlust ist das eigentliche Einfallstor für die weitere Anästhesierung, denn das Leben in seiner Grundaffektion strömt ja weiterhin an, und es sind diese ungenutzten Energien, welche den inneren Widerspruch der Frustration bilden: Nichts mehr eigentlich zu wollen und trotz allem noch ein letztes Wollen zu verspüren, mit dem das Leben sich selbst will, ohne diesem inneren Selbstwollen ein erfüllendes Ziel zuweisen zu können (Henry 1994, 292 ff.).

Anders gesagt, sind die Energien in diesem Fall auf ein niedrigeres Niveau herabgesunken und scheinen zusammen mit der sich dann einstellenden Leere auch nur noch das niedrigste Niveau an Anstrengung und Bewegung einzunehmen, deren Nullpunkt in der Lethargie liegt. Diese so genannte »Passivierung« als »Motivationsverlust« gemäß der psychologischen Darstellungsweise berührt jedoch entscheidender das innere Geschick eines Individuums als seine tiefste affektive Historialität: die schmerzende Stagnation der Leere wieder zu jener Freude sich wandeln zu lassen, in der sich das Absolute des Lebens selbst, das heißt in seiner unbezweifelbaren Lebenssteigerung, erneut zu erproben gibt, um nicht »am Leben zu verzweifeln«, was nur im Leben selbst geschehen kann. An dieser Stelle muss daher auch die Verbindung der Frustration mit der *Angst* betrachtet werden, denn wenn die tötende Leere der Frustration alles zu verhindern scheint, was noch eine individuelle Selbstverwirklichung verspricht, dann vermag gerade diese aufsteigende Angst vor dem »Selbstverlust« oder dem

»Lebensirrtum« eine bisher nicht da gewesene Klarsicht hervorzubringen – nämlich jene Klarsicht für ein Tun, welches bisher von einem Ich möglicherweise noch gar nicht versucht wurde. Wenn alle Wege in eine bestimmte und bisher bekannte Richtung abgeschnitten erscheinen, dann bleiben die anderen Richtungen noch prinzipiell gegeben. In diesem Sinne erweist sich daher die Frustration als der mögliche Beginn einer erneuerten Kreativität, in der sich das Leben wieder als sich selbst verspürt.

Die *Kreativität* als Aufgreifen der in die Frustration abgesunkenen Energie bewirkt eine neue innere Bewegtheit, in der sich das Selbstempfinden des Lebens als seine innerste Phänomenalisierung des unverzichtbaren Geschehens von Schmerz/Freude wieder zu verwirklichen vermag. Bevor die Kreativität mithin äußere Ergebnisse sichtbar werden lässt, ist sie die immanente *Selbstgenerierung* des Lebens als dessen ewige und absolute Selbstwerdung aus sich selbst heraus, die mich in ihr geboren sein lässt. Die Kreativität erscheint nach außen hin als etwas extrem Aktives; im Innersten jedoch bildet sie das Eintauchen in die reinste Passibilität des Lebens, um nur noch aus *dieser* Kraft heraus zu leben: Das Ich ist selbsttransparent im passiblen Mich dem reinen Hören des Lebens zugewandt, welches sich in seinem ununterbrochenen Können als Quelle all meines Tuns und Empfindens erweist. Zwischen Tun und innerer Gewissheit gibt es mit anderen Worten hier keine Kluft mehr, und diese Distanzlosigkeit ohne Gedankenvermittlung macht die reine Selbstfreude des Kreativen aus.

Dieses Kreative muss also nicht notwendigerweise an große Werke gebunden sein, sondern es handelt sich dabei um das Erleben der eigenen Sinnlichkeit als unmittelbarem Eindruck des *Ästhetischen:* Was ist, erscheint unmittelbar als gut und schön. In dieser Hinsicht besteht folglich ein wesenhafter Zusammenhang von Anästhesierung und Ästhetik, denn was im Frustrationsgefühl abhanden kommt, ist genau der Eindruck von Gut- und Schönsein in Bezug auf die Welt und eigene Existenz. In dem Maße aber, wie die Ästhetik an die Sinnlichkeit gebunden ist, kann sie prinzipiell kein Moment des inneren Werdens dieser Sinnlichkeit als Lebensaffektion übergehen, so dass eben auch das bescheidenste Tun in der stillen Seligkeit der Lebensselbstentsprechung ruhen kann und auf diesem Wege die lähmende Vergiftung des Erlebens durch die Leere der Frustration mit ihrer Anästhesierung wieder aufhebt. Das Wesen des Kreativen (und damit Kulturellen) liegt aus diesen lebensphänomenologischen Gründen nicht im hervorgebrachten Werk, von dem Hegel schon sagte, dass es strukturell »Entfremdung« der Innerlichkeit in die Außenheit der Objektivität hinein bleibt, welche oft von einem Gefühl der »Unvollkommenheit« angesichts des Hervorgebrachten begleitet ist (Kühn 2004, 311 ff.). Vielmehr bindet sich das eigentliche Empfinden des Kreativen an die lebendige Hervorbringungsmacht als solche, welche prinzipiell *unsichtbar* verbleibt, insofern das rein phänomenologische Leben niemals in eine Distanz der Schau eintritt.

In diesem letzten Bereich absoluter Immanenz als »Hervorbringungsmacht« allen Erscheinens berührt mithin das Kreative als unmittelbare Relation von Leben/Mich jene Grundaffektion des Lebens, welche als affizierendes Affiziertsein die Realität des Erscheinens schlechthin bildet. *Das Leben ist nicht »kreativ«, weil es »etwas« hervorbringt, sondern weil es in sich den Urakt des Seinkönnens als solchem vollzieht.* Denn »sein« kann nur, was sich selbst schon entgegengenommen hat, indem es die absolute Verbindung mit sich selbst darstellt, aus der nichts herausfallen kann, um sich zu entfernen, zu verlieren und somit zu entfremden. In der Transzendenz als dem umfassenden Weltsein, welches vom rein phänomenologischen Gesetz des Unterschieds von Sein und Seiendem nach Heidegger diktiert wird, ist die Macht des Erscheinen-lassens nicht mehr im jeweils Erscheinenden als »Phänomen«

unmittelbar gegeben. Vielmehr *entzieht* sich solches Sein dem Erscheinenden und kann damit nicht das Absolute des Erscheinens letztlich sein, weil es auf diese »Negativität« seines Rückzugs angewiesen ist, um »Sein von allem« in der Differenz zum je Einzelnen zu bleiben.

Insofern ist auch das Sein nicht im strengen Sinne kreativ, denn es erschafft *keinen* Einzelinhalt, sondern gibt nur den leeren Platz frei, in dem dann etwas für ein Bewusstsein (als Horizont oder Feld) erscheinen kann. Einzeln Inhaltliches im Sinne radikaler Individualität rührt allein von der sinnlichen Affektion in einem individuierten Erleben her, so dass in solcher »Seinsaffektion« als *Lebensaffektion* gerade kein Rückzug stattfindet, weil sich das Leben als absolut hervorbringende Erscheinensmacht durch das Wesen seiner immanenten Affizierung an jeden sinnlichen Inhalt unauflösbar bindet. Indem sich mithin das Leben an sich selbst ohne Horizont, Distanz oder Entzug bindet, ist es das, was sich als das Selbe gibt und empfängt, um auf diese ebenso einmalige wie autonome Weise die Tatsächlichkeit allen Erscheinens in dessen Werden zu sein.

Infolgedessen manifestiert sich in jeder Kreation als Selbstästhetisierung des Lebens dessen ontologische Grundmacht selbst, weshalb wir auch sagten, es gehe bei der Frustration letztlich nicht nur um ein psychologisches Motivations- und Handlungsproblem. In der Kreation als Antwort auf die Frustration – sowie durch diese hindurch – spricht die lebendig machende Absolutheit des Lebens als jener Ur-Anfang, durch den »alles ist«. In der Kreativität habe ich daher immanent nicht allein an solchem Anfang schlechthin teil, sondern dieser Anfang lebt in mir, so wie ich in ihm lebe. Die Kreation ist daher mit anderen Worten die aktiv mitvollzogene Geburt im Leben als meine unhintergehbare Weise, im Leben zu sein und es in seinem »schöpferischen« Eigenwesen selbst zu empfinden. Nur durch solche Urmächtigkeit, welche die Ungeborenheit des Lebens in meiner individuierenden Geburt selbst in ihm ist, vermag die Frustration schließlich überhaupt überwunden zu werden, was zugleich mit ihr auch die Angst überwinden hilft, sich auf bisher unbekannte Weise vom Leben affizieren zu lassen.

So wie alle Gefühle grundsätzlich nur ihre Antwort aus dem *Wesen* des rein phänomenologischen Lebens heraus finden, so ist dies gleichfalls der Fall bei der Frustration mit ihrer Leere und Lebenserstickung. Sich den noch nicht wirklich erprobten inneren Kräften zu überlassen, welche hinter Angst und Frustration gegeben bleiben, um das geahnte Neue nicht auszulassen, welches die Lethargie der Frustration wenden kann, macht diese Kräfte zu einer impliziten Verheißung. Die Kreation erprobt die Kräfte *meines* individuellen Lebens so neu in einer Weise, dass diese Kräfte auch wirktatsächlich wieder als lebensfördernde Energie aufzutreten vermögen, weil sich solche Kreation effektiv der reinen Lebensaffektion überlässt, nachdem ihr scheinbarer Stillstand im frustrierten Erleben erfahren wurde. In der leisen Stimme noch existierenden Könnens kündigt sich inmitten der Frustration ein Weg an, der beschritten werden muss, um zu jenem offenkundigen Weg zu werden, welcher aus der Frustration herausführt. Die Welt ist für uns nur real, indem wir sie in unserem Tun angehen, weshalb sich in solch erneuertem Tun auch wieder jene Werte einstellen, die im Grau der Frustration wie vernichtet erschienen. Die Kreation darf daher umfassend als Ästhetik der Welt und unserer Existenz verstanden werden, weil sie Dinge wie Situationen mit der erfrischenden Farbe der Lebendigkeit umgibt, welche dann anziehend auf uns zurückwirkt. Was uns daher in letzter Tiefe angezogen sein lässt, ist die *Werthaftigkeit des Lebens* selbst, welches sich als Wert um seiner selbst willen affiziert, um jene Bewegung und Kraft zu sein, die in jedem Tun am Werk ist.

IV.
LOSLÖSUNG

Gefühl und Entscheidung

Der Entscheidung geht eine Stellungnahme voraus, die Dinge, Situationen und Personen in Bezug auf ein eigenes inneres Bedürfen und Begehren als wertvoll erscheinen lässt oder nicht. Das Problem der Entscheidung, ihre *Krisis* anders gesagt, bilden deshalb nicht die entsprechenden Dinge, Situationen oder Personen an sich, sondern der grundgelegte Zusammenhang von Affektion und Wert, wodurch sie als wertvoll erscheinen oder nicht. Diese Verknüpfung von Affektion und Werthaftigkeit ist dabei zunächst keine gewollte, sondern eben eine solche, die sich anfänglich durch die Empfindung auferlegt und auf diese Weise als beherrschend auftritt. Die Stellungnahme kann dem unmittelbar als ein Zustimmen oder Ablehnen entsprechen, während ein Schwanken bei einer noch nicht sicheren Stellungnahme Zweifel und Abwägen herbeiführt, welche die Entscheidung als offene im Latenzzustand belassen, obwohl gleichzeitig gewiss ist, dass zu einem bestimmten Zeitpunkt eine Entscheidung zu treffen ist.

Es lässt sich mithin fragen, ob bei dieser letzteren Konstellation das Gefühl mit seiner inneren Wertempfindung der *Zeit* ausgeliefert ist oder ob die Zeit nicht vielmehr durch eine Intensivierung des Fühlens noch anzureichern bleibt, bis die innere Gewissheit für den Augenblick der Entscheidung eindeutig wird. Dabei ist natürlich vorausgesetzt, dass die Zeit in diesem Fall nicht begrenzt ist, denn sonst müsste eine Entscheidung auch im Status des Zweifels gefällt werden, was die

Stellungnahme dann zu einem verkürzten Abwägen werden ließe, ohne einen apodiktischen Charakter erlangen zu können. Bleiben wir daher hier bei dem Fall, dass das Gefühl in der ihm eigenen inneren Gewissheit heranzureifen vermag, dann heißt dies nicht, das Gefühl besäße nicht schon jetzt eine absolut affektive Gewissheit in sich. Fraglich ist nur, ob ich diese Gewissheit so in Anspruch nehmen kann, um dadurch ausschließlich meinem Bedürfen zu entsprechen, oder ob nicht auch das Bedürfen *anderer* Personen mit zu berücksichtigen sei, die von meiner zukünftigen Entscheidung betroffen sein werden. Diese Sachlage bedeutet mit anderen Worten, ob der Wert meines Bedürfens und Begehrens das Leid des Anderen auf sich nehmen kann, weil eine Abwendung von ihm seine Enttäuschung – und vielleicht sogar seine Verzweiflung – hervorrufen wird. Es geht also nicht darum, einen Anderen äußerlich zu schädigen oder ihn sogar zu vernichten, wogegen zu eindeutig etwa das Gebot der Nächstenliebe oder der kategorische Imperativ Kants spräche, sondern ihn in seiner Hoffnung und Erwartung zu verletzen.

Da wir sagten, dass mein Gefühl bei gegebener Zeit noch wachsen kann, um die innerlich gegebene Stellungnahme auch zur greifbaren Entscheidung werden zu lassen, können wir dies gleichfalls bei der anderen Person voraussetzen: Auch sie hat Zeit, durch die für sie wahrscheinlich immer deutlicher werdende Enttäuschung ihrer Hoffnungen ihre eigene neue Gewissheit zu erringen. Die Bedürfnisse stießen dann nicht diametral aufeinander, sondern die Zeit würde die Möglichkeit gewähren, dass ihre jeweilig innere Notwendigkeit einsichtig wird, um zu erkennen, dass nicht mehr der gleiche Wert geteilt wird wie zuvor. Und weil dieser Letztere nicht mehr in einer fraglosen Gemeinschaftlichkeit gegeben ist, können sich auch Bedürfen und Begehren nicht mehr in der bisherigen Fraglosigkeit der selben Gewissheit austauschen. Für eine aufmerksame Analyse des Gefühls ergibt sich daraus die Frage, *wie* sich Gefühle in zunehmender Distanz überhaupt voneinander ablösen, so dass die Stellungnahme zu einer Feststellung sich nicht mehr antwortender Gefühle wird, welche von beiden Seiten eingesehen werden kann.

Beschreiben wir diesen Prozess einer solchen Distanzierung etwas genauer, so fällt auf, dass sich *alle* bisherigen Gefühle modalisieren, wenn der neue Wert nicht mehr dem früheren entspricht. Die Distanzierung beinhaltet daher nicht nur ein räumliches Abstandnehmen, sondern die bisherigen Gefühle der Freude über eine bestimmte Person verwandeln sich samt der Einschätzung der mit ihr verbundenen Situationen und Dinge. Diese Veränderung könnte eine *Relativierung* genannt werden, denn was bisher als einzigartig und anziehend dastand, tritt nun in jene Neutralität mehr oder weniger zurück, die wir den meisten alltäglichen Angelegenheiten entgegenbringen. Eine solche Relativierung bedeutet deshalb keine Wertminderung an sich, sondern der Charakter bisheriger Hochschätzung oder Verehrung verwandelt sich in den einer Achtung, welche früher bevorzugte Personen und Dinge weiterhin beanspruchen können. Denn nur dann, falls etwa eine bisherige Liebe vollständig in Hass umschlüge, ergäbe sich ein gänzlich verändertes Gefühl, welches den wirklichen Verhältnissen nicht mehr gerecht würde.

Die Verwandlung der Gefühle als eine Relativierung bisheriger Einschätzung bereitet folglich eine Entscheidung vor, welche der Zeit ihr notwendiges Maß lassen kann, um aus der Entscheidung eine solch neue Konstellation werden zu lassen, die möglichst viel von dem bewahrt, was vorher als Wert aufgetreten ist. Diese Plastizität der Entscheidung unterstreicht ihren anfangs erwähnten Krisis-Charakter, insofern dieser auch *Läuterung* beinhaltet, denn es verwandelt sich nicht nur die bisherige Empfindung, sondern auch die Einschätzung des eigenen *Ich*. Es muss sich ohne Illusion eingestehen, dass sein bisheriges Werturteil entweder zu oberflächlich oder nicht klarsichtig genug gewesen war, um die eingetretenen Veränderungen früher und angemessener zu erkennen. Dann wäre der Prozess der Relativierung wie Läuterung innerhalb der Zeit der Entscheidungsfindung zugleich auch eine Zunahme an Klarheit dessen, woraus sich bisher die Motivationen und Orientierungen des Ich gespeist haben.

»Zeit heilt alle Wunden« meint dann nicht nur, dass meine eigene Trauer und die der Anderen sich wieder als für die Freude zugänglich erweisen können. Vielmehr ergibt sich daraus auch das jeder Entscheidung innewohnende Moment, Situationen in einer solchen Eindeutigkeit zu lösen, welche dann ebenfalls der Gewissheit der Gefühle entspräche. Wir müssen aber nochmals unterstreichen, dass es sich hier nicht darum handelt, notwendigen eindeutigen Entscheidungen auszuweichen, sondern es geht vor allem darum, einem Gefühlsprozess nachzuspüren, der seine ganz eigene Wahrheit besitzt. Wenn nicht alle bisherigen Gefühle in die neue Entscheidung eingehen können, so sind sie damit nicht einfach vernichtet. Die Frage ist also vielmehr, ob von ihrem bisherigen Reichtum etwas weiterleben kann, was die Wirklichkeit der Situationen und Verhältnisse selbst *differenzierter* sein lässt, als es bisher den Anschein hatte.

Eine Entscheidung, welche nur den »eindeutigen Sinn« sozusagen vor Augen hat, verkennt zu leicht, dass sie selbst dann ärmer wird, wenn der neue Wert schlechthin größer als der bisherige erscheint. Die so genannte »Klarheit der Entscheidung« schneidet dann ins Fleisch des Erlebens und der Beziehungen ein, welche nicht unbedingt alle von der »Krisis« betroffen sein müssen. Möglicherweise können sie auch in veränderter Form weiterleben, ohne die neue Orientierung als solche in Frage zu stellen. Mit anderen Worten ist der *Ausschließlichkeitscharakter* der Entscheidung angefragt, sofern er die Wirklichkeit der Gefühle betrifft, welche in ihrer je eigenen Kostbarkeit weitergelebt werden können, ohne einer sterilen Unterdrückung zu verfallen. Damit führt uns diese kurze Analyse auf eine Grundwahrheit des Empfindens überhaupt zurück: ob es sich nämlich den äußeren Gesetzen von Konvention, Norm, Schicklichkeit, Ehrlichkeit usw. anzupassen habe oder ob es dem inneren Wandel seiner Veränderungen – seiner eigenen affektiven Historialität also – folgen kann, ohne gleich über den Kamm des Unbezweifelbaren geschert werden zu müssen.

Denn wenn wir dem Gefühl Zeit zugestehen, sowie der Zeit eine Anreicherung innerer Intensivierung, dann gibt es kein vorgängiges abstraktes Maß mehr dafür, *wann* der Augenblick lauterster Klarheit gekommen ist. Er kann sich nur im Gefühl solcher *Lauterkeit* selbst erschließen, und bis dahin besitzt die »Gefühlsarbeit« all ihre Rechte, den Modalisierungen der »inneren Notwendigkeit« zu folgen. Damit ist nicht behauptet, auf solche Weise den leichteren Weg zu gehen, sondern verfolgt wird weiterhin das zuvor genannte phänomenologische Interesse, *wie* sich Gefühle distanzieren und vom Bisherigen ablösen. Was wir dafür beanspruchen, ist keine »wissenschaftliche Objektivität«, sondern das Wahrnehmen der Vielschichtigkeit gegenseitiger Beziehungen und Verhältnisse, die trotz aller Distanzierung weiterhin eine unaufhebbare Lebensäußerung darstellen.

Betrachtet man daher letztlich jede Situation aus der inneren Realität eines *Bündnisses mit dem Leben* heraus, dann heißt dies nicht nur, dass die »Liebe zum Leben« maßgeblich für mein Handeln in allem sein sollte. Vielmehr ist eine solche *Liebe zum Leben* unendlich wandlungsfähig, ohne im Prinzip korrumpierbar zu sein. Das heißt, im Maße dessen, was mir aus meinem Bedürfen als dem Ab-Gründigen des Lebens heraus selbst lebbar erscheint, lasse ich auch in der Zeit der Entscheidung all jene Nuancen des Werthaften gelten, die weiterhin ein Anrecht auf Anerkennung wie Förderung besitzen. Die Beziehungen und Verhältnisse werden dadurch feiner in ihren notwendigen Abstufungen, insofern Gefühle eben nicht wie Objekte zu behandeln sind, die untereinander ohne Not ausgetauscht werden können, wenn es für bestimmte Zwecke erforderlich ist.

Denn Gefühl bedeutet immerzu *empfindendes Fleisch, Würde des Individuellen* sowie *Offenbarwerden meiner Lebensrealität*, was insgesamt in die ablaufende Zeit als Verdichtung der affektiven Innerlichkeit eingeht. Ohne dieses Offenbar-werden wäre jede Entscheidung auch eine Verarmung – oder zumindest eine Voreiligkeit, die das Ergebnis nur am Äußeren misst. Dem steht entgegen die lautlose Geduld des Lebens, welche weiß, wann tatsächlich die wahre Zeit gekommen ist – mit anderen Worten die Reife des Augenblicks empfindet, welche die Zeit aufhebt, um nur noch die Gewissheit eines bestimmten Empfindens zu sein. Und diese Bestimmtheit als gleichzeitig innere Wahrheit des Lebens weiß darum, dass sie nichts anderes mehr in Händen hat als sich selbst, um als »Rechtfertigung« aufzutreten. Solche Rechtfertigung vermag letztlich keinen »Beweis« zu liefern, der in allem und jedem auch im Äußeren überzeugt, denn es macht das unsichtbare Wesen des Gefühls aus, gerade nicht mit einer Evidenz oder Argumentation übereinstimmen zu können. Daher ist die Zeit der Entscheidungsfindung stets auch gewährte Zeit, sich der *Ab-gründigkeit* des Lebens zu stellen, welche diesseits von Frage und Antwort schon immer absolut in ihrer reinen Affektion gesprochen hat.

Verzweiflung und Schuld

Mit der Schuldempfindung bricht jenes Gefühl herein, etwas getan zu haben, was anders oder gar nicht hätte sein sollen. Sehen wir hier von einer Regel oder von einem Gebot ab, welche dieses Anders-sein als das Getane hinweisend vertreten, dann bleibt das Gefühl des Ver-fehlten mit jenem anderen Gefühl konfrontiert, welches prinzipiell die Möglichkeit des anderen Handelns als des erfolgten Tuns vertritt: »Ich will das Gute und tue das Böse!«, sagt auf klassische Weise Paulus im Römerbrief. Diese Konfrontation von Verfehlung und Gutem findet mit anderen Worten in der *Kontinuität* des Lebens statt, welches erstens nicht aufhört, mich weiterhin in seiner grundsätzlichen Selbstgebung zu affizieren, und welches zweitens an das Gute zurückgebunden bleibt, weil das Leben sich weiterhin als das immanente Wollen eines in sich werthaften Lebens vollzieht. Die phänomenologischen Grundgegebenheiten des Lebens sind mithin durch Verfehlung und Schuld nicht in Frage gestellt, so dass jenes als »Schuld« bezeichnete Gefühl nichts anderes vom Leben anzeigt als das, was dieses Leben immer ist – nämlich grundloses Sichgewähren als innerste Wirklichkeit seiner sich dadurch selbst mitteilenden Offenbarung.

Hören wir genauer auf das Sprechen solchen Gefühls der Schuld, welche die »Gabe« des Lebens in keinerlei Weise mindert oder sogar aufhebt, so sagt mir die Schuld etwas über das grundsätzliche Verhältnis von Leben/Ich: Nicht das Leben hat ge-fehlt, sondern *ich* habe etwas anderes getan, als die vollen Möglichkeiten des Lebens zu ihrer Effektivität gelangen zu lassen. Da nicht das Leben als solches dadurch vermindert wurde, sondern *mein* Verlangen in Bezug auf das Leben ein anderes war, als wie das Leben nach sich selbst verlangt, so ergreift mich die *Verzweiflung*. Diese ist zusätzlich zum Schuldgefühl der Hinweis darauf, dass *mein* Bezug zum Leben nicht dem entspricht, was dieser Bezug an sich in seiner reinen Transparenz sein könnte – ein Bezug in der Tat, welcher keinen eigenen Gründungsanspruch darstellt, sondern das Ich ausschließlich im originären oder passiblen *Mich* des Lebens begründet sein lässt. Die Verzweiflung ist daher mit anderen Worten die Verzweiflung über mich selbst, dass *ich* in meinem Bezug zu mir selbst mich nicht zu begründen vermag, weil die Schuld das Fehlen dieses Ich offenbart, das reine Wollen des Lebens ohne Einschränkung für sich übernehmen zu können. Das Offenbarwerden solchen Ver-fehlens ist deshalb nicht nur Eingeständnis meiner moralischen Unvollkommenheit im Sinne existentieller Endlichkeit, sondern das Offenbarwerden der ontologischen Unmöglichkeit schlechthin, nur ein Bezug von *Ich/Ich* als *Ich zu Mir* zu sein. Die Verzweiflung ergreift mithin als abgrundtiefes Gefühl diese unmögliche reflexive Tautologie meiner selbst und führt sie vor die Frage nach einem unendlichen oder absoluten Bezug, in dem der Bezug zu mir selbst überhaupt erst gestiftet sein kann.

Wenn wir hier für das Verhältnis von Verzweiflung und Schuld den Begriff des »Gewissens« vermeiden, dann geschieht dies aus der phänomenologischen Notwendigkeit heraus, dass auch jede Gewissensanalyse einen Bezug ankündigt (zu mir als Autonomie, zu einem Über-Ich, zu Gott usw.), der jeder Normorientierung vorausliegt. Daher kann diese Verzweiflung beim Schulderleben eben so endlos sein, weil das Ich in sich keine Möglichkeit durch sich selbst findet, dieser Verzweiflung mit nur eigenen Mitteln zu begegnen. Und wenn diese Verzweiflung sich verdichtet zu einem Gefühl von *Existenzschuld*, nicht nur an diesem oder jenem schuldig geworden zu sein, sondern gerade als »Ich« der Existenz gegenüber grundsätzlich schuldig werden zu müssen, dann stehen hier (neben psychologisch oder neurotisch auszuschaltenden Momenten) Fragen an, welche letztlich das innerste Existenz- und Lebensgefühl selbst betreffen: Kann sich das Leben des Einzelnen, wie groß auch immer seine individuelle Schuld sei, überhaupt als *glücklich* empfinden?

Heidegger hat auf diese Problematik dahingehend geantwortet, dass im »Ruf des Gewissens« das Dasein wie aus der Ferne zu sich selbst gerufen wird, um in seine »Eigentlichkeit« zu gelangen, die keinem »Man« mehr gehorcht, sondern allein der freiheitlich selbstverantworteten »Entschlossenheit« des Daseins, die Offenständigkeit des Seins ohne weiteren Schutz zu wagen – und zwar als existenziale Grundsituation vor allen Einzelentscheidungen. Diese Antwort in »Sein und Zeit« (§ 55 ff.) lässt jedoch völlig ungeklärt, ob das Verhältnis von Sein und Dasein wirklich ein gründendes ist, das ein »Selbst« ermöglicht, welches das tatsächliche Schuldigwerden *als* Verzweiflung auch *empfinden* kann. Denn eine reine Struktur der Offenheit ist keine radikal phänomenologisch ausgewiesene Wirklichkeit des Empfindens, insofern dieses sich nur als sich selbst in der Unmittelbarkeit seiner inneren Selbstaffektion empfindet. Der Seinshorizont lässt Schuld wie Unschuld gleichermaßen zu, weil er diesen Ereignissen gegenüber neutral ist, während mich die Verzweiflung gerade nicht neutral sein lässt, sondern zutiefst ergreift und in Frage stellt. Wenn nämlich das selbstaffizierende Leben jedes Sich an sich selbst gibt, um auf diese Weise ein unverwechselbares Sich zu sein, dann ist damit keine Neutralität oder universale Daseinsstruktur in den Ursprungsverhältnissen mehr möglich. Vielmehr ist damit das Sich in seiner Selbstheit radikal situiert, indem es seine Ipseität nicht über einen existentiellen Entwurf erreicht, sondern in seiner Affektion durch das Leben diese absolut im Leben situierte Selbstheit ist.

Der Bezug zu sich ist daher nicht über ein Außen vermittelt, welches als welthafte oder zeitliche Transzendenz eine Bezüglichkeit in der Unmittelbarkeit des Lebens ausschließt, sondern der reine Bezug zu mir selbst im Leben sowie durch dasselbe bedeutet als »Ich« in jedem Augenblick, Bezug zu diesem Leben ohne Abstand zu sein. Solange dies nicht erblickt wird, muss die Verzweiflung in der Schuld grenzenlos sein, denn das Schuldgefühl impliziert ein Trennungsgefühl, welches vom absoluten Leben – oder Gott – auszuschließen scheint. Hierbei wird nun allerdings die grundlegende Unterscheidung zwischen jedem Gefühl als Ipseität und als thematisierte oder existentielle Befindlichkeit wichtig. Als reines Fühlen ist jedes Empfinden in sich ausschließlich die Weise, meine Ipseität im affizierenden Leben zu sein, während die *Interpretation* des Gefühls ein existentieller Vorgang ist, welcher das Gefühl mit meiner wahrnehmbaren Geschichtlichkeit oder Biographie verbindet.

Auch die Verzweiflung über meine Schuld ist als reines Empfinden Ausdruck meiner nie unterbrochenen »Selbstwerdung« im Leben und lässt mich in diesem innersten Bereich der Lebensimmanenz nicht von ihr verlassen sein. Die Verbindung der Verzweiflung mit einer innerlich wahrgenommenen Schuld als »Verurteilung« bleibt hingegen ein *existentielles* Interpretieren, welches in dieser äußeren Interpretation das reine Gefühl des Verzweifelns aus den Augen verlieren muss, weil im Horizont solchen Deutens nur die Verknüpfung von Verzweiflung und Schuld möglich ist. Die Diesseitigkeit des rein Affektiven gegenüber dem existentiellen Urteilen besagt dann aber, wie zu Beginn schon angedeutet, dass der *Blick* gerade die tiefere Verbindung zwischen der absoluten Lebensaffektivität und dem »Selbstsein« in der Verzweiflung nicht wahrzunehmen vermag. Denn der Blick ist stets das Achten auf *intentionale* Verknüpfungen, hier eben auf die Verbindung von Schuld/Verzweifeltsein als »seelisch« wahrgenommenen Befindlichkeiten.

Je abgrundtiefer die Verzweiflung aber, desto unabdingbarer wird auch die Notwendigkeit, sich von diesem intentionalen Blick zu *lösen*, um in der Verzweiflung selbst ein Grundverhältnis noch auszumachen, welches das Offenbarsein des Absoluten des Lebens ebenfalls in der Schuld nicht aufgehoben sein lässt. Ich kann dieses Grundverhältnis mit den Augen des Geistes nicht mehr wahrnehmen, weil die Schuld dieses Absolute als Gefühl des Schuldigseins gänzlich verdunkelt, denn insofern die Schuld *meine* Schuld ist – und nicht die des Absoluten –, befinde ich mich in einer Distanz zu diesem Absoluten, aus der ich durch das Blicken auf die Schuld allein nicht herauszufinden vermag. Besinne ich mich jedoch unter Aufhebung von aller Zeitlichkeit, Existenzialität und Befindlichkeit darauf, dass selbst im Augenblick der Schuld das Leben *sich* nicht zurückgenommen hat, damit »ich« sein kann, dann gewinnt diese nie verloren gegangene Ipseität in der reinen oder ursprünglichen Lebensaffektion ihre prinzipiell unverbrüchliche Gewissheit zurück – und damit das immanente Empfinden einer Freude in der Verzweiflung und deren Verwandlung in die uranfängliche Seligkeit des Lebens.

Keine Schuld vermag dem Leben etwas in seiner innersten Wirklichkeit als Selbstgewährung zu nehmen, und deshalb bildet das Leben die Möglichkeit des »Heils« schlechthin. Da es sich in seiner ontologischen »Ohnmacht« niemals von den Lebendigen zurückziehen kann, beruht seine »Macht« darauf, jedem Leben in seiner Individuierung über die reine Affektion erneut in seiner unmittelbaren Fülle gegenwärtig zu sein. Damit ist dann aber zusätzlich gesagt, dass die Verwandlung von Schuld in Heil als Verwandlung von Verzweiflung in Freude oder Seligkeit und Glück das tatsächliche Offenbarwerden des Absoluten als seine innere »Geschichte« im Sinne je einmaliger Individuierung selbst ist. Die Schuld wird demzufolge letztlich nicht durch irgendein Außen aufgehoben (Verzeihung, Sühne, Rechtfertigung usw.), sondern jedes »Vergeben« von Schuld erkennt die nie abwesende Macht des Lebens an, sich als gegebene Historialität des Absoluten keinem Gefühl gegenüber als fremd erweisen zu müssen, sondern sie alle von ihrem affektiven Ursprung her stets in sich zu tragen und sie somit zu kennen. *Jedes* Gefühl in seiner phänomenologischen Reinheit oder Absolutheit bleibt auf diesem Hintergrund der Ausdruck einer Bezüglichkeit zum Leben, welche auch von keinem Ichverschulden in Frage gestellt wird. *Größer als das Anerkennen der Schuld noch ist daher die bedingungslose Zusage des Lebens an jeden von uns* – dort, »wo die Sünde groß war, ist die Gnade übermächtig geworden«, wie es ebenfalls im Römerbrief heißt.

Leben als *Gnade,* wie demzufolge die religiöse Antwort auf das Schuldproblem und ihre Verzweiflung lautet, expliziert mithin das »Mehr« wie »Voraus« des Lebens, ohne seinem Wesen etwas hinzuzufügen. Denn das Mehr des Lebens besagt, dass es immer schon über all das hinaus ist, was wir irgendwie anerkennen oder zurückerstatten könnten, hieße es Reue oder Vergebung. Dieses Mehr des Lebens ist in seinem absoluten Voraus gegründet, mit anderen Worten in der Gründung all unserer Affektionen und Gefühle in jener reinen Affektivität, mit der sich das Leben selbstaffiziert, um in diesem Selbstbezug das je einmalig konkrete oder individuierte *Mich* der jeweiligen Ipseität geboren sein zu lassen. Bezüglichkeit im reinen Leben ist daher identisch mit seinem ursprünglichen »Vorher«, denn als reine Bezüglichkeit zu mir in meiner Verknüpfung mit dem Leben wirkt eine ontologische Mächtigkeit, die *vor* allen eigenen Leistungen gegeben ist, weil diese stets schon die Verlebendigung durch das Leben in Anspruch nehmen. Die Schuld fällt aus diesem Bedingungsverhältnis grundsätzlicher Natur nicht heraus; sie macht nur eindrücklicher deutlich, dass auch jedes Ver-fehlen fern von jedem »Fehlen« des Lebens ist, da es in sich niemals einen »Mangel« an sich selbst kennt. Wenn Meister Eckhart sagt, dass die vergangenen Werke, gute oder schlechte, so weit weg sind wie tausend Jahre, dann unterstreicht er damit, dass jede Zeitbetrachtung in der Wesenhaftigkeit des Lebens aufzuheben ist, weil dieses in seiner gebürtigen »Frische« *jetzt* ganz es selbst ist, wie immer auch das existentielle Gedächtnis urteilen mag. Es ist sicher nicht einfach, auf das Größere dieser reinen Absolutheit des Lebens in Verzweiflung und Schuld zu achten, aber es ist näher an der unverstellten Wirklichkeit – und damit heilender oder loslösender als alle vorstellbaren und unternommenen Maßnahmen seitens des Ich oder der Gesellschaft.

Absichtsloses Handeln

Es kann mit Recht gefragt werden, ob unsere Existenz letztlich nicht immer in gewisser Weise ein Abschiednehmen ist, denn indem wir uns für etwas Bestimmtes entscheiden, wird anderes in der möglichen Wahl ausgeschlossen. Das Nichtgewählte, sofern es mehr oder weniger überhaupt in unser Aufmerksamkeitsfeld eintrat, wird somit allzumal zum Verabschiedeten, denn wir lassen es hinter uns, weil es keine weitere Bedeutung für unser Leben erlangte. Aber diese Art der *Loslösung* von Dingen, Situationen und Menschen ist noch nicht jene völlige Loslösung, welche wir innerlich allem Geschehen entgegenzubringen haben, wenn wir auf das reine *Sich-geben des Lebens* achten: Es gibt sich ohne Ansehen von Bedeutung und Wichtigkeit, um allein alles ins Leben zu rufen, was sich aufgrund seines Sichgebens überhaupt ins Leben rufen lässt. Diese Absichtslosigkeit des rein phänomenologischen Lebens, welche mit seinem absoluten Sichgeben identisch ist, beinhaltet mithin eine äußerste Loslösung, die zugleich die stärkste Bindung des Lebens an sich selbst darstellt.

Johann Gottlieb Fichte fasste dieses Paradox in seiner Schrift »Anweisung zum seligen Leben« in einer höchst bedenkenswerten Weise, die dahingehend lautet, dass durch die Verankerung unseres Denkens im absoluten »Einheitspunkt« unser Leben in seinem reinen Sollen dann »ruhig abfließen« kann. Das heißt, es wird keine Entscheidung getroffen, ob ich dem Absoluten (Leben) überhaupt gehorchen will oder nicht, weil dies noch zwei verschiedene Willen voraussetzen würde, sondern mein Sollen als reines Tun ist jenes sich an sich selbst bindende Leben, welches Tun und Ziel nicht mehr unterscheidet. Diese Abwesenheit einer jeglichen spezifischen Intentionalität entspricht zugleich einer Loslösung von allem, ohne sich im Tun von ihm zu trennen, insoweit eben nicht mehr nach der Bedeutung der Dinge *für mich* gesucht wird. Vielmehr ist der Ausfluss des Tuns im reinen Sollen als Identität mit dem Leben das, was die *Liebe* selbst kennzeichnet, nämlich ein Leben für alle in dessen Ermöglichung zu sein.

Es geht hier also keineswegs allein um einen rein ethischen Imperativ, der Achtung vor allem Menschlichen in dessen Personenwürde gebietet, sondern um eine seinsmäßige Wirklichkeit, welche das Tun mit der *Kraft* dazu als »Leben« identisch setzt. Denn auf ideale Weise kann vieles gefordert werden, ohne dass in solcher Forderung die Kraft zum Handeln als solchem unmittelbar mitgegeben wäre. Fließt das Handeln jedoch aus dem Leben selbst, das heißt in Übereinstimmung mit dessen absolutem Sichgeben, dann ist der Ausfluss solchen Lebens zugleich auch seine Kraft, mit der es alles affiziert, was ins Leben gelangt. Die Ablösung von allen besonderen Zielen ist dann identisch mit dieser Selbstbindung des Lebens an sich selbst, und zwar als jene Kraft, in der das Leben sich selbst liebt, um alles Lebendige sein zu lassen. Diese ontologische Gesetzmäßigkeit des Lebens, dass es zugleich über seine innerste Selbstliebe absolute *Loslösung* darstellt, erhellt genauer noch die angesprochene Problematik von Entscheidung und Abschied überhaupt, denn sie trennt Liebe und Sollen nicht mehr, wodurch auch die notwendigerweise gegebene Differenz in jedem Entscheidungsprozess aufgehoben ist.

Damit erweist sich die Absichtslosigkeit des Tuns nicht nur als eine innere (moralische) Überwindung der Hindernisse, welche sich der einzelnen Handlung entgegenstellen können, sondern diese Absichtslosigkeit des Tuns ist in dessen

Vollzug mit jener Kraft selbst eins, durch welche sich jegliches Handeln notwendigerweise praktisch vollzieht. Die Kraft als reines *Aus-fließen* aus dem originären Einheitspunkt mit dem Leben, wie Fichte diese absolute Quelle nennt, kennt insofern kein besonderes Ziel im Sinne eines partikulären Wollens mehr, wie sich die Kraft ausschließlich in ihrer reinen Selbstbewegung verströmt. Denn weil Leben in sich immer Ergreifen seiner selbst in seiner inneren Selbstbewegtheit ist, um diese als Affekt oder Pathos weiterzuzeugen, kann das Leben auch gar nicht anders, als »immer am Werk zu sein«, wie es Jesus als Christus von sich und seinem Vater im Neuen Testament nach Johannes bezeugt. Und in dieser Kraft seiner inneren Selbstbewegtheit »will« sich das Leben allein selbst, um in allem das Leben zu sein, das heißt im Austausch mit allen Lebendigen, welche die Affektion des Lebens unzerstörbar in sich tragen und empfinden, um davon in allem Tun, Fühlen und Denken berührt zu sein.

Die dabei implizierte Loslösung innerhalb der Absichtslosigkeit als Eigengesetz des Lebens bedeutet mithin nicht Mangel an Konkretheit oder an Individuierung des jeweiligen Geschehens, sondern nur Befreiung vom Haften an der Partikularität des Wollens als einer Zielausrichtung in den Grenzen eines intentionalen *Für-mich*. Im reinen Tun der Absichtslosigkeit erfolgt auch keine bloße »Unterordnung« meines Wollens unter den Willen des Lebens (was die Differenz zweierlei Willen immer noch bestehen ließe), sondern im Aus-fließen des Tuns aus dem Leben selbst gibt es nur ein und denselben »Willen«. Die Loslösung vom »*Ich*-will« ist mit anderen Worten jene Absichtslosigkeit eines Wollens, welches sich an keinerlei »Ich« mehr orientiert, sofern dieses sich klassischerweise für den »Quellpunkt« allen Handelns hält, wie bei Husserl. Im reinen Wollen des Lebens wird nichts mehr vom Ich »gesetzt«, sondern die absolute »Setzung« als nicht erinnerbarer Anfang ist bereits immer schon erfolgt, indem das Leben sich in allem Lebendigen als das Leben bekunden will. Dies zu erkennen, gelingt indes für uns nicht anders denn übers *Empfinden,* weil allein im Empfinden eine Betroffenheit oder Erschütterung stattfindet, welche mir sagt, wohin mein Leben mich im Austausch mit den Anderen ruft, sei es im Bereich der Ethik, Kooperation oder Liebe.

Nun ließe sich einwenden, dass nichts »egoistischer« sei als das subjektive Empfinden, weil es *Genuss* seiner selbst ist, wie Lévinas etwa durchgehend zu bedenken gibt. Dass das Empfinden sich selbst zunächst empfinden muss, um überhaupt zur Empfindung für mich werden zu können, verhindert jedoch keineswegs, dass das Selbstempfinden den Anderen ursprünglich mit einschließt, denn gerade im Selbstempfinden »weiß« ich unmittelbar, wie auch dem Anderen in dessen Empfinden »zumute« ist. Vor aller Loslösung von partikulären Zielen des Ich hat also schon immer eine ältere Gemeinschaftlichkeit gesprochen, aufgrund derer ein Austausch im Sinne der Absichtslosigkeit überhaupt erst möglich ist. Was ich empfinde, ist als innere Empfindung des Lebens immer auch mögliche Empfindung des Anderen sowie umgekehrt. Das »Selbst« im Selbstempfinden ist daher zunächst nicht das Ich des allein auf sich bezogenen Selbstbezugs aller Sorge oder Intentionalitäten, sondern das »Selbst« der Passibilität des Empfindens. Und diese Passibilität beinhaltet als solche das *Empfindenkönnen* allen Empfindens, wie es mir im Anderen entgegentritt. Mithin liegt in diesem originär trans-passiblen Selbst eine Loslösung vom *Ich,* welche in der Absichtslosigkeit des Tuns ergriffen werden kann, ohne von der Kraft des Lebens in dessen Selbstbewegtheit getrennt zu sein.

Denn eine Begegnung, welche nicht affektiv wäre, ist undenkbar, so dass alle Gesetze und Gebote, die das Tun unter einen universalen Anspruch der Würde des Anderen stellen möchten, sich hierauf zurückbesinnen müssen – nämlich auf die Werthaftigkeit des Anderen, wie sie sich nur über das Empfinden zu erschließen vermag. Sonst besteht die Gefahr einer – an sich erstrebenswerten – »gleichen« Behandlung, die aber im Extremfall für die Berücksichtigung des je subjektiv Notwendigen blind und taub geworden ist. Je absichtsloser ein Tun in seiner Losgelöstheit vom eigenen besonderen Wollen ist, desto *bestimmter* kann es auf die lebendige Individuation eingehen, welche der Andere in seiner Absolutheit des Lebens ist. Damit entfallen alle vorgegebenen Modelle des Handelns in ihrem Alleinanspruch als Vorschrift, um sich allein jenem je einmaligen Empfinden zu überantworten, welches weiß, was situativ »nottut« – nämlich tiefste Not-wendigkeiten zu erkennen und im Sinne eines sich seiner selbst erfreuenden Lebens zu verändern.

Damit ist die »Effizienz« aus dem absichtslosen Tun nicht ausgeklammert, aber sie bemisst sich nicht mehr allein am äußerlich sichtbaren Erfolg, sondern vertraut auf ein Weiterwirken des Lebens, in dem »alles zum Besten gereichen kann«. Wir können in der Welt nicht wissen, was dieses Beste ist, weil nicht alles Lebendige im Sichtbaren manifest wird, aber es können sich innere Wandlungen mit Hilfe der abgründigen Modalisierungen des Lebens vollziehen, welche erst viel später auch als existentielle Orientierung offenbar werden und neue Entscheidungen einleiten. Der so genannte »eschatologische Vorbehalt«, allein dem »Gericht Gottes« die endgültige Beurteilung aller Menschenleben zuzugestehen, gilt daher schon in jedem Austausch zwischen Lebendigen, denn wir können nicht von außen wissen, wohin sich ein Leben letztlich verändert. Wir vermögen nur zu sagen, dass es sich phänomenologisch nach der immanenten Gesetzmäßigkeit von Freude und Schmerz ständig wandelt, um schließlich in allem die untrügliche Selbstoffenbarung des Lebens mitvollziehen zu können. Sollte es also ein »Ziel« der Absichtslosigkeit im Loslösen des Tuns von allen besonderen Zielen geben, so wäre es genau dieses Wollen, an keiner Stelle die Selbstoffenbarungsmächtigkeit des Lebens im Austausch miteinander zu unterbrechen.

Dies mag als ein geringes Ergebnis angesichts der heute weltweiten Probleme einer zerrissenen Welt gelten. Aber eine Welt, welche sich selbst als Wirtschaft, Politik oder als jede andere Form von bloßem Machterweis absolut setzt, hat eben schon das Entscheidende verloren: dass nämlich das Leben nicht vieles bedarf, um sich als Leben weiterzeugen zu können. Solches Leben in der Unmittelbarkeit wie Genügsamkeit seines inneren Selbstvollzugs zu wollen, wäre nicht nur ein erster Schritt, um auf die Priorität des Lebens gegenüber der Welt überhaupt wieder aufmerksam zu werden, sondern es wäre zugleich auch ein Weg, um die Absichtslosigkeit des Handeln zu einem »globalen« Maßstab werden zu lassen. Auch eine »Weltethik« kann nicht allein von abstrakten Prinzipien her deduziert werden, hieße sie »Nachhaltigkeit« oder »Verantwortung«, sondern was der Welt letztlich fruchtet, kann nur dem innersten phänomenologischen Wesen des Lebens selbst entstammen, das heißt seiner grundgelegten Modalisierung von Freude/Schmerz eben, die sich in allem selbst genügt.

Dies in der Einfachheit jedes Vollzugs zu erkennen, welcher zugleich die Kostbarkeit jedes erfahrbaren Lebens schlechthin beinhaltet, wäre genug Relativierung gegenüber dem ungeheuren Ausmaß von Gewalt und Ausbeutung, die auf verschiedenste Weisen das Leben vieler Menschen heute bestimmen. Die Frage, wie sich ein absichtsloses und loslösendes Denken in unsere Gesellschaften einführen lässt, ist bisher ein ganz neues Problem, trotz Christentum und Buddhismus etwa, da es keine neuen Ideologien produzieren darf, welche dann fast zwangsweise ihrerseits wieder in neue Machtansprüche umschlügen. Würde mithin im sogenannten »Kampf der Kulturen« gegenwärtig erkannt, dass *jeglicher* Kultur das sich selbst – in seiner eigenen Affektion – affizierende Leben zugrunde liegt, dann wären die dogmatischen oder weltanschaulichen Unterschiede weniger von Belang. Denn was Leben ist, lässt sich niemals über Theorien und Glaubensansprüche finden, sondern nur im Austausch mit konkretem Leben – mit anderen Worten im praktischen Umgang mit dem gegenseitigen Selbstempfinden in seiner jeweiligen Bestimmtheit oder Individualität.

V.
ZUKUNFT DES LEBENS

Hoffnung und Vertrauen

Entgegen der absolut phänomenologischen Bestimmung des Gefühls als radikaler Lebensunmittelbarkeit mit deren ganzer Fülle kann der Einwand aufkommen, ob damit nicht entscheidende existentielle Vollzüge hinfällig werden, wie sie beispielsweise mit Hoffnung und Vertrauen gegeben sind. Ist überhaupt ein Leben denkbar, das nicht immer auch Erwartung eines »besseren Lebens« ist? In den Augen von Kants »Pragmatischer Anthropologie« beruht sogar die ganze Kontinuität des Lebens darin, bei genauerem Hinsehen ein permanenter Wechsel zwischen Freude und Schmerzen zu sein, wodurch sich dann das Gefühl eines Lebensvollzugs als geprägt von Lust und Unlust im Sinne dieser beiden Grundbefindlichkeiten der Existenz einstelle. In dieser Perspektive ist der Schmerz mithin der »Stachel des Lebens,« um nicht in Übersättigung zu versinken, und damit letztlich in eine Leere und Langeweile, in der Tabakgenuss sowie Roman- und Zeitungslesen mit ihren kleinen wechselnden Eindrücken ein Minimum an Abwechslung im Leben aufrechterhalten (§ 60 ff.: 1969, 230 ff.). Kant vermag auf diese Weise in Übereinstimmung mit einer langen philosophischen Tradition, die von Aristoteles und Epikur bis hin zu Descartes und Rousseau reicht, sowohl die Polarität in den Gefühlen wie deren Notwendigkeit eines »Maßes der Mitte« zu unterstreichen, um besonders durch Arbeit und Kulturinteresse zu einem der Weisheit sich zuneigenden Lebensgefühl zu gelangen. Letzteres negiert den Schmerz als eine Art Naturnotwendigkeit nicht, überlässt sich ihm aber auch nicht ganz passiv, sondern schöpft in diesem selbst die Triebfeder zum Besseren – das heißt für Kant zur ständigen Auseinandersetzung mit der empirischen wie kategorial synthetischen Widerständigkeit der Welt.

Nun kann an dieser Beschreibung Kants nicht übersehen werden, dass sie das dergestalt betrachtete *Leben* mit der *Existenz* identisch setzt, insofern die Abfolge von Lust und Unlust ein *zeitliches* Aufeinanderfolgen von Mangel- und Erfüllungserlebnissen darstellt. Allerdings wird aber auch notwendigerweise noch jeder so genannte Mangel als Fehlen der »angenehmen« Beförderung des Lebens *in* diesem sowie *durch* dieses selbst empfunden. Die Hoffnung darauf, dass das Leben sich bessere, und zwar im Vertrauen auf die Wiederherstellung eines Zustands, der mir aus vorherigen glücklichen Lebensmomenten bekannt und wertvoll erscheint, vollzieht sich folglich ebenfalls in demselben Leben. Insofern ist auch die Hoffnung ein umfassender Ausdruck des Lebens, ebenso wie das Vertrauen, auf dem sie sich gründet. Nur ist die *prospektive* Vorwegnahme des »besseren Lebens« in ihrer Intentionalität nicht das Leben in seiner Immanenz selbst, denn das »Nochnicht« des zukünftigen Lebens ist der Raum jenes Projekts, wodurch das Begehren die Zukunft imaginär besetzt. *Alle* Hoffnungen im Sinne einer solch bildhaften Projektion können prinzipiell enttäuscht werden, und dies war einer der Gründe, warum die philosophische Tradition aristotelisch, stoisch oder kantisch in solchem Zusammenhang für das Maß der Mitte, das Einklammern aller Vorstellungen oder für das Pflichtbewusstsein als Autonomie der Freiheit plädierte. Daran wird ersichtlich, wie das »Prinzip Hoffnung« seinerseits von der Regel der Klugheit oder Tugend kanalisiert wird, um letztlich einem rationalen Lebensentwurf zu entsprechen, welcher sich vor dem scheinbar Chaotischen oder Exzessiven der

Affekte schützt. Denn wie Hume ähnlich in seiner »Untersuchung über den menschlichen Verstand« schreibt, wäre eine unmittelbar erfahrbare »Lebendigkeit, bei der [die] Auffassungen gar nicht mehr voneinander zu unterscheiden wären«, eine Zerrüttung des Geistes durch Krankheit oder Wahnsinn (§ II: 1973, 17).

Gegen eine völlig enttäuschte oder rational zerrüttete Hoffnung, die jedes Menschenleben zu ergreifen vermag, setzte allerdings schon der Apostel Paulus eine »Hoffnung *wider* alle Hoffnung«. Da uns hier mehr deren phänomenologische Struktur als ihr dogmatischer Inhalt bedeutsam ist, lässt sich zum einen festhalten, dass dies eine Hoffnung *ohne Projektion imaginärer Vorstellung* ist, denn sie steht im Gegensatz zu jeder intentionalen Hoffnung als vorweggenommenes Ereignis. Dies hat eine reine Hoffnung zur Folge, welche sich daher zum anderen auf die eigene innere Gegebenheit als Hoffnung *im* wie *aus* dem Leben allein bezieht, sofern dieses Leben durch den unsterblichen Christus der Auferstehung vertreten wird. Eine rein präsentische Hoffnung bedeutet somit die absolute Lebensimmanenz als Hoffnung selbst – jene innere Gewissheit des praktisch vollzogenen Lebensaugenblicks, dass ihm das absolut gegebene Leben nicht fehlt und niemals fehlen wird. Dies würde bedeuten, dass erst eine Hoffnung, welche sich ganz der zeitlichen Transzendenz entwindet, um absolut reduktiv in das reine Leben einzutauchen, die Fülle der Hoffnung als solcher kennt – *nämlich mit dem Leben selbst zu hoffen*. Und worauf »hofft« das Leben in seiner Veränderung ständig affektiver Historialität? Dass es sich selbst genügte und in sich selbst zum inneren Wachsen bestimmt ist. Diese Hoffnung des rein immanenten Lebens besitzt daher die stärkste Antriebskraft, welche überhaupt denkbar ist: dass dem *Dass* des Lebens niemals die innere Kraft und Selbstbewegtheit fehlen wird, um weiterhin das Leben mit all seinem Können in seinem jeweiligen *Wie* zu sein. Die immanente Hoffnung im Gegensatz zur protentionalen Hoffnung lebt auf diese Weise streng *aus ihrem eigenen Vollzug*, welcher kein anderer als das Leben selbst ist. Eine solche Hoffnung sucht folglich nichts anderes mehr als das, was sie ist: eine unmittelbare Lebensaffektion, welche sich selbst an sich selbst weitergibt.

Was bedeutet daraufhin *Vertrauen* als Boden einer solchen Hoffnung, welche keinem Zeithorizont mehr verpflichtet ist? Ist die Zeit aufgehoben, so ist auch jeder Bewusstseins- oder Daseinshorizont eingeklammert, so dass der »Boden« des Vertrauens kein Weltboden, kein Etwas mehr ist, sondern sich in den originären *Grund* verwandelt. Als reines *Dass* des Lebens lässt sich dieser Grund nicht mehr vorstellungsmäßig fixieren, so dass auch das Vertrauen an kein bestimmtes Etwas mehr gebunden ist, sei es irgendein Gegenstand, eine andere Person oder eine Weltsituation im Einzelnen oder Allgemeinen. Der Boden des Vertrauens ist mithin allein das je reine *Wie* im *Dass* des Lebens, insofern sich in jedem Wie der Lebensmodalisierung der lebendige Grund als das manifestiert, was die jeweilige Selbstgebung der Affektion aussagt. In dieser reinen Selbstgebung ist der Grund keine benennbare Ursache mehr, denn es gibt letztlich nie eine äußere Erklärung dafür, warum sich *diese* Affektion *jetzt* selbst in ihrer Immanenz ergreift. Ihr Ergreifen des subjektiven Mich *als* passibles Mich entspricht dem Selbsterscheinen des Grundes, insofern dieser in solches Mich-Affizieren als absolut verlebendigte Bedingung eingeht, und zwar diesseits von Raum und Zeit. Dieses Zum-Erscheinen-Kommen des Grundes ist das jeweilige *Wie* des Lebens, welches eben kein thematisches Etwas mehr besitzt, sondern sein absolut phänomenologisches *Was* ist das je reine *Wie* seiner Ankünftigkeit.

Dieses Dass als reines Wie des Lebens von seinem sichselbst-affizierenden Grund her ist dann die Form wie Inhaltlichkeit eines originären Vertrauens selbst, insoweit dieses Vertrauen vom Leben her kein Ende und keine Begrenzung mehr kennt. Denn wo immer solches Leben sich ankündigt, spricht zugleich dessen Grund in seiner jeweiligen Manifestation selbst, so dass das »Vertrauen« in den Grund des Lebens eigentlich eine Tautologie ist: *Das Leben »vertraut« prinzipiell sich selbst*, da es außerhalb von sich nichts kennt, auf das es sich in seinem Erscheinen stützen könnte, weshalb sein reines Erscheinen sein innerstes Selbstvertrauen schlechthin offenbart – nämlich sich selbst als den ausschließlichen Grund seiner selbst zu wissen. Hoffe ich folglich *praktisch* mit jedem Atemzug, dass das Leben sich als es selbst verwirkliche, so ist diese Hoffnung an den inneren Grundakt des sich selbst vertrauenden Wesens des Lebens als solchem zurückgebunden, welcher kein anderer ist, als sich selbst als das Leben immer wieder neu zu gebären, um auf diese Weise das Leben in der Absolutheit seiner Autarkie zu sein. Damit ist Hoffnung auf dem Boden des Vertrauens als Grund des Lebens keine schwächliche Tugend, die den so genannten »Realitäten« nicht ins Auge zu blicken wüsste, sondern sie ist prinzipiell eine »Hoffnung wider alle Hoffnung« im zuvor erwähnten Sinne, da sie zeitlos vor aller Welthoffnung im Selbstvertrauen des Lebens gründet. Welthoffnung vergeht, ist von ihrem Wesen her flüchtig, während die Lebenshoffnung so alt und so jung wie das Leben jeweils selbst ist.

Eine »Hoffnung über das Leben hinaus« ist somit eigentlich ein phänomenologischer Widerspruch, denn insofern ich solches »Jenseitige« erhoffe, hoffe ich noch in der Kraft des Lebens, welches sich in solcher Pro-tention gerade als *jetzt* gegeben bekundet. Hoffnung *als* Leben bleibt damit die einzige Hoffnung, welche weder irrational noch weltflüchtig auftritt, sofern hierbei aller Naturalismus ausgeschaltet ist. Denn die Hoffnung-in-das-Leben ist weder die Verabsolutierung eines Vitalismus noch eines Gattungsbewusstseins der Evolution, sondern jene rein phänomenologische Faktizität, dass Leben in allem Tun sich stets selbst empfängt und weitergibt. In der ursprünglichen Passibilität als Ermöglichung jeglichen Könnens und seiner »Zukunft« durch solch lebendige Selbst-gebung verwirklicht sich also immer schon, was von jedem jenseitigen Leben erwartet und »erhofft« wird, nämlich seine *Selbstgabe* in Fülle. Denn fügte ein »kommendes Leben« irgendetwas hinzu, was ich in meinem rein passiblen Mich nicht schon »besäße« – dann würde dieses Mich mit einem Male zu etwas *Anderem* als das, was es ist. Es würde sich dann selbst fremd und könnte das Leben weiterhin nicht mehr als das *seinige* empfangen, welches es durch die absolute Individuierung in der ur-anfänglichen Geburt des Lebens für immer ist.

Wenn die unaufgebbare Hoffnung auf diese Weise mit meiner Ipseität selbst identisch ist, die keine andere zu werden vermag, ohne das einmal geknüpfte Band mit dem absolut phänomenologischen Leben in meinem Mich selbst aufzukündigen, dann fällt auch ein anderer Blick auf eine »ausgleichende Gerechtigkeit« in der »jenseitigen Welt«. Würde diese Gerechtigkeit irgendwie ausgleichen, was einmal in der »Vergangenheit« in der Kraft des Lebens selbst vollzogen wurde, dann käme dies ebenfalls einer Aufhebung jener lebendigen Kraft gleich, die »immer am Werk« ist, wie es im Neuen Testament heißt. Der *Vollzug* der Kraft selbst kann mithin kein anderer werden, denn er geschah in der reinen Ermächtigung durch das Leben selbst: »Das Werk, soweit es Werk war, ist sogleich zunichte geworden und auch die Zeit, in der es geschah, und ist nun weder hier noch dort«, sagt Meister Eckhart, um fortzufahren: »Darum ist das Werk weder gut noch selig [oder böse], sondern der *Mensch* ist selig, in dem die Frucht des Werkes bleibt, – nicht als Zeit noch als Werk, sondern als gute Beschaffenheit, die da ewig ist mit dem Geiste, so wie der Geist auch ewig ist in sich selbst, und es ist der Geist *selbst.*« (Predigt 44: 362 f.) Wenn aber jedes Werk zunichte wird, weil nur bleibt, was der Vollzug des Werkes als innere (ewige) Beschaffenheit des Lebens (Geistes) verwirklichte, dann ist *das jeweilige Tun sein eigener Lohn* und unterliegt daher keiner zukünftigen Verrechnung mehr in einer jenseitigen Welt.

Die präsentische Hoffnung ist damit mit dem Tun aus solcher Hoffnung selbst identisch: Der Vollzug der Kräfte »im Sinne« des Lebens, das heißt in Übereinstimmung mit seiner inneren Selbstgebung ist der »Lohn« des Lebens als solchem, weil im jeweiligen Augenblick die Vermögen des Lebens als dessen eigenes Können absolut erprobt werden. Handle ich mithin aus der ewigen Beschaffenheit des Lebens im jeweiligen Augenblick heraus, dann kann ich mich im Grunde nicht gegen das Leben entscheiden, denn wenn ich im Sinne des Lebens handle, so handle ich gemäß seinem inneren Wollen, welches sich selbst in allem will. Eine »ausgleichende Gerechtigkeit« im Jenseits, woraus unter anderem Kant das moralische Postulat der Unsterblichkeit ableitete, traut dem Leben sein je unmittelbares »Gericht« im Augenblick nicht zu und verschiebt diesen Anspruch auf später. Ist jedoch die Hoffnung des Lebens seine je augenblickliche Hoffnung, dass sich in allem das Leben als das Leben erweise, so wie ich es rein erprobe, dann ist die Ipseität meines passiblen Mich *im* Leben jenes einzige oder ewige »Auge«, durch das sich die selbstgebende Absolutheit des Lebens und meine Selbstaffektion unmittelbar selbst anblicken, um ein und dasselbe Pathos zu sein. Und indem dieses *Pathos* in seiner augenblicklich inneren Wahrheit ohne Vorstellung und weitere Interpretation spricht, offenbart das *ewige Jetzt* des Lebens sein untrügliches Wort, welches auf kein Werk zurück- oder vorausblicken muss, um zu sein – denn der reine Vollzug in solchem »Wort« ist die Gewissheit des Lebens selbst. In Letzterer entscheidet sich, was »ich« dem Leben zutraue oder nicht, wodurch ich mir unmittelbar selbst das »Gericht« spreche: *ein Werk gemäß dem Leben oder ein Werk gegen das Leben zu sein*. Insofern ist die reine Hoffnung in das Leben zugleich immer auch schon die Erfüllung ihrer eigenen inneren Verheißung, dass nämlich kein weiteres Gericht vonnöten sein wird, um im Leben zu sein, da die Entscheidung für das Leben niemals einen Aufschub kennt, sondern das *Heil* hier und jetzt bedeutet – und zwar einschließlich der Anderen und der Welt.

Notwendigkeit und Freiheit

Von maßgeblichen Denkern, wie etwa Schelling (1809), wird die letzte Bestimmung der Freiheit darin gesehen, die unausweichliche Notwendigkeit, welche sich für ein Handeln auferlegen kann, als äußerste Freiheit selbst zu erfahren. Auch wenn hier dem Ich keine Möglichkeit mehr einberaumt scheint, die Umstände selbst noch entscheidend zu bestimmen, unter denen sich sein Freiheitsakt vollziehen soll, so findet bei dieser unverrückbaren Inanspruchnahme der Freiheit durch die Notwendigkeit trotzdem der Versuch einer letzten Eigenbejahung durch »Einsicht« statt, welche formal als *Setzung* im Sinne des Idealismus zu werten ist, selbst wenn sich dem Bewusstsein als Denken jede reflexive Vergewisserung in empirischer Hinsicht versagt. Die Welt als ganze mit der mich betreffenden Situation rein faktischer Notwendigkeit wird als die *relationale* Verflechtung notwendigen Seins schlechthin in diesem Fall gesetzt – womit eben eine letzte freie Zustimmung ermöglicht ist, vor welcher die Vernunft nicht kapitulieren muss. Dass ich die Welt implizit als Schöpfungs- oder Kausalgesetzlichkeit *will*, sofern ich mich *in ihr* als Person ohne weiteren Anspruch auf Glückseligkeit denke, wie auch Kant in seiner Religionsschrift betont, ist in der Tat eine reflexive Voraussetzung, welche vom »Ich denke« nicht zu trennen ist. Damit ist allerdings über den scheinbaren Widerspruch von Notwendigkeit/Freiheit nur eingeholt, was im Gesetzescharakter des Denkens als solchem schon beschlossen liegt, nämlich alles unter eine notwendige *Vorstellung* zu fassen, was jemals in sein Blickfeld treten kann.

Die ethisch wie existentiell hochwertigen Gesinnungen und Handlungen, welche sich aus einer solch reflexiven Zustimmung in das Notwendige des Seins ergeben können, sind keineswegs zu verkennen und haben bewundernswerte Werke und Biographien hervorgebracht, wenn man beispielsweise an Albert Camus und Simone Weil in unserer Zeit denkt. Aber was macht das wirkliche *Gefühl der Freiheit* bei solcher Zustimmung in das Unvermeidliche aus, wenn »Gefühl« in solchem Zusammenhang besagt, dass ich *trotz* der unaufhebbaren Notwendigkeiten in das nicht weiter von mir Verfügte der Umstände einstimmen *kann?* Dieses Können der freiheitlichen Zustimmung entstammt nicht der gedachten Weltnotwendigkeit, welche ich mir in Übereinstimmung mit dem sittlichen Gesetz meiner Freiheit vorstellen kann, denn das *Wollen* eines solchen Gefühls ist nicht möglich – es liegt vielmehr jeder reflexiven Einsicht schon voraus, insofern das Können dem Wollen vorausgeht. Um konkrete Freiheit zu sein, muss jedes Tun solcher Natur effektiv vollzogen werden, und diese Vollzugsmächtigkeit ist als Potentialität älter, da sie mit dem Lebensempfang selbst gegeben ist. Das Können der Freiheit als wirkliches Tun gründet mit anderen Worten in der Passibilität der Lebensaffektion, welche zunächst absolute *Nicht-Freiheit* ist. Auch wenn ich mein Leben nachträglich »angenommen« habe und es in diesem Sinne »will«, so habe ich jedoch niemals das Leben als Setzung meinerseits *wollen* können, weil es mir schon immer und auf ewig vorausliegt. Wenn aber das Leben nicht meine »Setzung« ist und diese auch niemals werden kann, dann beruht auch die Weltsetzung in Freiheit noch auf einer Vor-gabe, welche die scheinbar absolute Weltzustimmung durch das Ich relativiert.

Eine radikal reduktive Betrachtung der Freiheitsidee räumt also mit der Illusion ihrer Selbststiftung in einem solchen Maß auf, dass selbst die neurowissenschaftlichen Infragestellungen des Willensprimats mit seiner Freiheit heute kaum eine philosophische Bedeutung daneben beanspruchen können. Es geht nicht bloß darum zu erkennen, dass jedes freiheitliche Wollen schon immer auch emotional motiviert und gebahnt ist (was die Phänomenologie Husserls und Schelers sehr früh erkannte), sondern es handelt sich bei der Freiheitsabkünftigkeit aus der vorgegebenen Lebensankünftigkeit heraus um eine solch ursprüngliche Faktizität, welche unser *humanistisches* Welt- und Menschenbild überhaupt in Frage stellt. Wenn ich nämlich in meinem absoluten Anfang nicht »frei« bin, das heißt keine Freiheit besaß, diese Freiheit von mir aus zu wollen, dann fallen letztlich damit auch alle späteren Ansprüche dahin, die Freiheit als eine höchste Autonomie zu stilisieren und aus ihr alle welt- und menschenbeherrschenden Zugriffe über Sein wie Seiendes abzuleiten. Aber dies gilt nicht nur im Sinne Heideggers als Kritik an jeder weltmanipulierenden Idee, hieße sie Cogito oder Subjekt, sondern auch in Bezug auf Heideggers eigenes Freiheitsverständnis selbst, in der Ent-schlossenheit auf meinen Tod hin jede »Man-Verfallenheit« zu vermeiden (1967: § 27 u. 53). Denn kein »Man« ist die letzte Unfreiheit, sofern dieses prinzipiell daseins- wie vorstellungsmäßig überwunden werden kann, vielmehr liegt die unaufhebbare Nicht-Freiheit in der reinen Lebensausgesetztheit, welche ich als »Mich« in meiner fleischlich empfindenden Subjektivität bin.

Das Paradox solcher Freiheitsbetrachtung vergrößert sich noch, wenn wir dieses anfänglich rein passible Mich zugleich mit allen Lebenspotentialitäten ausgestattet wissen, denn jegliches Können aller denkbaren Leib- und Geistvollzüge ist als ursprüngliche Modalität gerade solchem »Mich« eingestiftet, ohne es eben als Ichzentrum denken zu müssen. Denn sofern das »Mich« reinen Lebensempfang in der Individuierung durch die absolute Lebensaffektion besagt, ist hier noch kein

Ego im Sinne von Intentionalität, Stellungnahme und Urteil gegeben, sondern dieses »Vor-Ich« besagt reines Können im ausschließlich immanenten oder affektiven »Selbstwollen« des Lebens. Wo aber zunächst allein dieses reine Wollen des Lebens als sein Können gegeben ist und sich ständig durch alle Modalisierungen der je konkreten Mich-Affektionen hindurch vollzieht, dort ist ebenfalls die Freiheit *reines Gefühl des Könnens,* ohne Freiheit im Sinne meiner Setzung zu sein: Im Können des Lebens vermag ich die Bewegungen und alle weiteren Leistungen meines leiblichen wie geistigen Seins auszuüben, so oft dazu der Anlass ist, ohne diese auf eine abstrakte Freiheitsidee des Ich zurückführen zu müssen. Denn wenn ich die eine oder andere Leistung »frei« in Anspruch nehmen will, um den Notwendigkeiten des Daseins zu begegnen, dann nehme ich ein mir gegebenes Können in Anspruch, welches ich als Freiheit *erfahre.* Obwohl also die Freiheit am Ursprung meiner selbst meine Nicht-Freiheit aus der Sicht des Ego ist, impliziert diese Nicht-Freiheit als Können des passiblen Mich alle nur denkbaren Freiheitsbezüge im Sinne von mir konkret möglichen Lebensverwirklichungen, welche in die fleischliche Habitualität meines Leibseins zurückreichen. Wenn folglich in der scheinbar unmöglichen Freiheit angesichts unabwendbarer Weltnotwendigkeit dennoch »Freiheit« als Zustimmung realisierbar bleibt, dann offenbart sich darin eben die Tatsache, dass die Freiheit aufgrund der reinen Mich-Passibilität und ihres Könnens ein »Mehr« über alles Weltsein hinaus beinhaltet.

Schon bei der Betrachtung von Hoffnung und Vertrauen hatten wir gesehen, dass für die unverbrüchliche Lebenshoffnung als das innerste Eigenwesen des Lebens selbst der Lebensgrund hierbei ins Spiel kommt, sofern er das *Dass* des Lebens in jedem *Wie* vorgibt. In ähnlicher Weise entspringt hier die Freiheit diesem *Mehr* des Lebens, denn wenn ich »mein« Können als »meine« Freiheit verwirkliche, ohne dieses Können ursprünglich selbst gestiftet zu haben, dann gibt sich mir über eine ursprüngliche Nicht-Freiheit hinaus ein »Mehr«, welches gerade die Freiheit dieser Nicht-Freiheit selbst ist. Dieses »Mehr« bleibt solange verborgen, wie ich die Freiheit nur vom Ich oder Ego her wahrnehme und als meine eigene ursprüngliche Freiheit ausgebe, um darauf alle humanistischen Illusionen zu gründen, welche auf eine reine Selbstbehauptung und »Selbstverwirklichung« ohne Berücksichtigung einer vorgängigen Selbstgebung absoluten Lebens abzielen. Dass eine solch massive Illusion eintreten kann, mithin die Freiheit als ausschließlich »meine Freiheit« aufzutreten scheint, liegt am gleichzeitig mit dem Mehr des Lebens gegebenen *Selbstvergessen* desselben. Da das Leben in keiner Horizontwirklichkeit aufgrund seiner reinen Immanenz aufscheinen kann, verschwindet auch sein Mehr als solches für das Bewusstsein. Als Denken kennt solches Bewusstsein strukturell nur sich selbst, legt alles als seine eigene Leistung bzw. als Tun des Ich aus, weshalb ein Freiheitsverständnis solcher Natur nicht nur das Mehr des Lebens vollkommen zurücktreten lässt, sondern darüber hinaus auch die Freiheit des scheinbar »autonomen« Ich sich als »Aufklärerin« des Lebens apostrophiert, um über die Gesetze der *ratio* die *passio* in »freiheitlich« verantwortete Bahnen zu lenken: Die »Vernunft begründet allein den Begriff der Freiheit und womit die Leidenschaft in Collision kommt« (Kant 1789, §82: 1969, 269).

Freuds Diktum, der Mensch sei aufgrund unbewusster Triebe »nicht Herr im eigenen Hause«, bedeutet daher nicht eigentlich eine Kränkung vermeintlich autonomer Freiheit, sondern es deckt auf naturalistisch verbrämte Weise nur einen phänomenologischen Grundsachverhalt auf, den er selbst nicht angemessen benennen konnte: Die Freiheit ist in einem absoluten Leben gestiftet, welches sich in der Passibilität des Mich in ihr Gegenteil zu verkehren scheint, um dennoch als unerinnerbare Vorgegebenheit all unserer Akte das *Mehr* des Lebens zu jener Freiheit werden zu lassen, in der dieses Mehrsein des Lebens als *tatsächlich ausgeführte* Freiheit in Erscheinung tritt. Insofern ist die Freiheitsproblematik mit Recht, und zwar besonders für unsere westliche Moderne, stets als die philosophische Kernfrage verstanden worden, da sich durch jeden wirklichen Freiheitsakt etwas »Neues« ergibt, welches sich nicht über die Weltkausalität allein erschließen lässt. Dieses Neue – Recht, Ethik oder Geschichte genannt – gründet jedoch allzumal im Mehr des Lebens, welches die Moderne weder als Grund noch als Ursprung akzeptieren kann, insofern die Hypostase des Ich nicht aufgehoben werden darf, weil dies einem notwendigen Verzicht auf die selbsternannte Primärrolle im Wirklichkeitsgeschehen gleichkäme. Deshalb ist es nicht verwunderlich, dass die Freiheit heute nicht nur vonseiten szientistischer »Philosophien« über Bord geworfen wird, indem die neuro-genetische Naturmaterie maßgeblicher als das eigene Wollen sein soll, sondern die Kritik der Freiheit versucht sich selbst noch zu überbieten, indem sie den »Tod des Subjekts« proklamiert. Ein »Subjekt« aber, welches auf rein *vorgestellten* eigenen Füßen zu stehen scheint, hat es nie gegeben, so dass Freiheits- wie Subjektkritiken der Moderne ein internes Problem des eigenen Denkens sind, ein Paralogismus anders gesagt – nicht aber der Lebensrealität als solcher. Denn wie F. W. J. Schelling zum unmissverständlichen Durchschauen solch begrenzter Kritik in seiner eingangs angesprochenen »Freiheitsschrift« bereits schrieb, müsste ein Denken, »worin die Vernunft sich selbst wirklich erkennt, alle Anforderungen des Geistes wie des Herzens, des sittlichsten Gefühls wie des strengsten Verstandes vereinigen« (1997, 85).

Wenn also das *Gefühl der Freiheit* aus dem Verstehen derselben nicht ausgeklammert zu werden vermag, dann läuft dies darauf hinaus, in jedem Gefühl das *Neue* des Lebens als sein Mehr über alle Differenzen und Fixierungen hinaus zu empfinden und entsprechend in einem »Bündnis mit dem Leben« zu verwirklichen. Dieses *Bündnis* als die dem Leben eigene »Sittlichkeit« versteigt sich nicht in eine abstrakte oder isolierte Freiheitsidee, weil sich durch ein solches Bündnis das Mehr des Lebens selbst realisiert, ohne auf eine imaginäre »Selbstbehauptung« des Ich achten zu müssen. Die Freiheit aus dem Mehr des Lebens heraus ereignet sich mithin in einem »Für«, welches nicht der Illusion anheimfällt, das Mehr des Lebens irgendwie einholen oder sogar ersetzen zu können, sondern in diesem »Für« die ganze Kraft des »Dass« des Lebens erprobt. Diese Freiheit ist stets konkret und wird demzufolge als solche empfunden oder gefühlt, denn in ihrem Vollzug ist sie nie außerhalb jener Kraft, welche sie in ihrer Verwirklichung in Anspruch nimmt. Die Modalisierung des jeweiligen *Wie* des Lebens in ein *Für-das-Leben* entspricht auf diese Weise einer phänomenologischen Materialisierung der Freiheit, welche sich mit der innersten Materialität des Lebens selbst vereint, nämlich unmittelbare *affectio* zu sein, um in dieser lebendigen Selbstbindung des Lebens an sich selbst die tatsächlich notwendigen Kräfte freizusetzen.

In diesem Sinne setzt eine solche *Lebensfreiheit* keine bestimmte »Idee vom Menschen« voraus bzw. eine beherrschte Welt zur Verfügung des Menschen, wie es alle Humanismen fordern, sondern die *als* Leben erfahrene Freiheit ist jene immanente Übereinstimmung des Lebens mit sich selbst, worin es sein *inneres Wachsen* als *Wert seiner Selbststeigerung* erfährt. Freiheit ist somit das innerste Gefühl des Lebens selbst: vom Leben befähigt zu sein, dieses selbst in seiner Ursprünglichkeit wie intentionalen Unbegrenztheit als jene Kraft zu empfinden und zu erproben, die sich *mir* nicht verweigert, ohne daraus irgendeine Hybris des Ich abzuleiten. Liegt das Mehr des Lebens aber jeder Ich-Illusion voraus, dann ist auch der Einbezug äußerster Notwendigkeit von Natur- und Weltsein kein Herkulesakt oder letzte reflexive Einsicht sittlich geforderter Seinssetzung, sondern *Freiheitsgeschenk* des Lebens, welches sein selbstvergessenes Mehrsein in keinem Tun verliert, weil das Leben von seinem immanenten Wesen als solchem unabtrennbar ist. Mit einem Wort gesagt, ist mithin das *Gefühl der Freiheit* mit jenem Gefühl identisch, *vom Leben beschenkt zu sein* – nicht nur durch diese oder jene besondere Gabe, sondern durch die grundsätzliche Selbstgebung des Lebens schlechthin, ohne die wir keinerlei Freiheit konkret empfinden könnten.

Lebensgabe und Welthingabe

Wenn man daher von der Gabe sprechen will, welche mit dem Weltsein verbindet bzw. für dieses einsteht, sollte zunächst Klärung darüber erzielt werden, was der reine Gabencharakter phänomenologisch beinhaltet. Jede Art von Gabe im Horizont feststellbaren Gebens scheint einen Geber sowie die eigentliche Gabe selbst als Übereignung als auch einen Anlass und ein Ziel bzw. einen Zweck der Gabe einzuschließen. So kann ein Geschenk zu Festen und Gedenktagen erfolgen, ein Testament an einen Erben verfügt oder einfach Zeit gewährt werden. In all diesen und ähnlichen Fällen ist es noch relativ einfach, jeweils einen Gebenden sowie einen oder mehrere Empfänger zu benennen und auch die gewünschte Wirkung eines weitergereichten Gegenstands oder Mittels als Zielursache auszumachen. Beim »Zeit geben« kann dies schon schwieriger werden, denn falls die gewährte Zeit nicht an einen unmittelbaren Anlass gebunden ist, bedeutet sie vielleicht nur eine allgemeine Disposition meinerseits, welche ich dem Anderen einräume, damit er seine eigenen Entscheidungen in Ruhe und Freiheit treffen kann. Die Gabe ist hierbei schon weniger eindeutig identifizierbar, und auch das Verhältnis zwischen Gebendem und Empfangendem gestaltet sich weniger einseitig wie bei einem einfach überreichten Geschenk, denn derjenige, dem »Zeit gegeben wird«, tritt aktiver in ein solches Gabengeschehen ein als im Fall des Geschenks. Jedenfalls findet jedoch in allen bisher genannten Möglichkeiten ein mehr oder weniger passiv-aktiver »Austausch« statt, und wir können deshalb hier allgemein sagen, dass überall dort, wo ein solcher (Aus-)Tausch gegeben ist, die Struktur der *ökonomischen Zirkularität* überhaupt herrscht: Es wird (etwas) gegeben, damit ein Effekt eintritt, sei es die Freude, der Dank, die Bewahrung des Erbes oder ein größerer Freiheitsraum.

Im privaten wie öffentlichen Bereich dieser Zirkularität sind alle denkbaren »Gabenverhältnisse« möglich, denn die Weisen, wie Menschen miteinander direkt oder durch Tauschmittel wie Güter, Waren, Dienstleistungen usw. Beziehungen eingehen, sind so vielfältig wie die Situationen, Absichten und Ziele menschlichen Handelns selbst. Auch der göttliche Bereich wurde in früheren Religionsformen mit in eine solche Gabenrealität der Gegenseitigkeit einbeschlossen, indem man etwa den Göttern opferte, damit sie Regen oder andere Wohltaten spendeten. Diese Haltung des *Do ut des* ist nicht nur deshalb keineswegs einem magischen Denken allein zuzuschreiben, insoweit sie auch in heutigen Glaubensformen noch vielfach das Verhältnis zu Gott bestimmt, sondern dieses Gesetz, dass »man gibt, damit gegeben werde«, lässt sich eben säkularisiert als die gelebte Alltäglichkeit des »freien Marktes« selbst ansehen. Wenn aber all unsere Handlungen, Vorstellungen und Motivationen einem solch *ökonomischen Gabenverhältnis* unterliegen, dann dürfte es schwierig sein, in diesem Horizontraum »gegenseitiger Zirkularität« eine wirkliche Gabe auszumachen, welche nicht schon im Voraus mit ihrem Effekt oder Resultat verrechnet wird, das heißt die Erwartung einer Rückgabe beinhaltet. Um diese begriffliche Zweideutigkeit zu vermeiden, werden wir des Weiteren von der Gabe im Sinne der »reinen Gabe« ohne Berechnung ihres »Effekts«, vom *reinen Geben* oder *Sich-geben* sprechen, wobei diese Verbalform darauf hinweisen soll, dass wir ein Geben ohne benennbaren Geber, Anlass und Effekt aufzuweisen versuchen, um eben der problematischen Tauschökonomie zu entgehen, wie es die gegenwärtige phänomenologische Diskussion zentral anstrebt.

Damit bewegen wir uns gleichfalls auf unsere eigentliche Fragestellung zu, ob es nämlich letztlich eine Möglichkeit der Welt-hin-gabe gibt, in der sich die Lebens-gabe so vollzieht, dass sie nichts mehr *für sich* erwartet, sondern als reines Leben in dieses Geben an die Welt aufgeht? Dass es sich dabei um keinen ethischen oder moralischen Standpunkt zunächst handelt, sondern um das vielleicht tiefste Gefühl selbst, *wie* sich Leben und Weltsein miteinander verknüpfen und vollziehen können, zeigen ansatzweise einige sprachliche Wendungen wie »die Natur gibt alles«, »es gibt …«, jemand »hat alles gegeben«, »sich den Tod geben«. Es dürfte hier sehr schwierig sein, einen jeweils unmittelbaren Geber auszumachen, denn nicht nur das »Es« im »Es gibt« scheint unbestimmt und anonym, sondern auch der Gabenursprung (in) der Natur oder des Todes erschließt sich uns in der Wahrnehmung nicht unmittelbar. Für die Griechen war es die *physis*, welche allem Seienden Anwesenheit gewährte, weshalb der eigentliche Ursprungsakt der Natur als »Hervorbringung« die Bewegung der *genesis* war, worin für Aristoteles das Wesen alles Lebendigen beruhte, wie zum Beispiel in seinem Werk »Über die Seele« (1994, 17 ff.). Diesen Gedanken greift Heidegger in seiner Bestimmung des »Es gibt« unter anderem auf, indem er im »Ereignis« des Seins jene Offenheit des »Es« erblickte, welche sich uns als Geschick und Zeitlichkeit zu-schickt (1988, 18 ff.). Und wir können fragen, ob sich das Individuum, welches »sich den Tod gibt«, indem »es sich das Leben nimmt«, nicht gerade am deutlichsten mit bekundet, dass alle Gaben (in) der Natur oder des Seins, welche hierbei scheinbar verneint werden, dadurch noch keineswegs auch eine letzte Aussage über ein solch fragwürdiges – und zugleich doch noch erstrebenswertes – »Leben« beinhalten. In anderer Hinsicht ist auch keineswegs eindeutig, was überhaupt gegeben wird, wenn jemand »alles gibt«

– sind es bloß seine Kräfte, wie etwa beim Sportler, oder ist es er »selbst« in der Gänze seiner Person, wie im Fall der Agape oder Liebe?

Von unserer eigenen empfindenden Lebensunmittelbarkeit her lässt sich sicher ein Hervorbringungscharakter des Lebens als Bewegung der *genesis* spontan anerkennen, insofern *sich* das Leben in seiner inneren Selbstbewegtheit so *gibt*, dass Ursprung wie Vollzug seiner Bewegung stets in ihm selbst verbleiben, das heißt, ohne aus diesem Leben als Lebendigkeit herauszutreten und etwas Anderes als sich selbst in diesem Vollzug zu dessen unterschiedlichster Verwirklichung in Anspruch zu nehmen. Dass wir dabei keineswegs das Gefühl einer Monotonie im Sinne einer physikalisch linearen Bewegung in uns verspüren, macht deutlich, dass solches Sich-geben des Lebens ständige innere Veränderung bleibt, ohne diesem Sichgeben etwas nehmen oder rückerstatten zu können, denn selbst Ruhen und Essen sind Vollzüge, in denen das Leben ganz es selbst bleibt, obwohl wir dabei etwas »für« das Leben tun. Ich kann also mit dem Leben *niemals* in irgendein Tauschverhältnis eintreten, so dass es von vornherein alle ökonomische Zirkularität im Sinne einer berechnenden Vorstellung sprengt bzw. unterläuft, um reiner »Austausch« in sich selbst zu sein: *sich selbstempfangend selbstgebend fortzuzeugen.*

Und genau diese historiale oder selbstaffektive »Identität« ist keine neutrale oder anonyme Ermöglichung von »Sein«, indem »es« sich er-eignet, sondern dieses »Sich« des Sich-ereignens des Lebens ist eine einmalige Lebendigkeit zu jedem Augenblick als *Individuierung* der rein gewährten Selbstheit des »Mich«. Wo »ich« im Leben »bin«, vollzieht sich die *genesis* des Lebens *als* meine unauslöschbare *generatio,* so dass ich in dieser generativen Bewegung des Lebens, welche ich ständig als mein »Sein« *verspüre* und nicht denke, mein reines »Mich« zugleich empfinde, welches dem konkreten Sich-geben des Lebens in seinem Sich-empfangen entspricht. Im »Mir-Gegebensein« des Lebens empfange nicht *ich* ursprünglich das Leben, sondern »das Leben« empfängt zunächst sich selbst – und in diesem seinem Selbstpathos der lebendigsten Ur-Passibilität werde »ich« geboren, ohne irgendeine »Gabe« im Sinne eines *Etwas* zu erhalten. Deshalb ist auch die »Gabe des Lebens« grundsätzlich die einzig reine Gabe, welche nicht zurückgewiesen werden kann, wie Michel Henry eindeutig aufgewiesen hat, da sie reine Vollzugsweise des Sich-gebens des Lebens ist, worin alles aktualisierende Annehmen, Weitergeben und Verneinen erst möglich wird, und zwar einschließlich der »Todesgabe«.

Ist mein lebendiges Sein folglich in der ständigen Gebungsrealität des Lebens an sich selbst effektiv gegeben, so wie das Leben sich an sich selbst gibt, ohne etwas Anderes als sich selbst dazu in Anspruch nehmen zu müssen, dann leben wir keinen Augenblick ohne die reine Vollzugswirklichkeit als Anwesenheit des Sich-gebens des Lebens. Ob uns dies verborgen ist oder wir in unserem eigenen Verhalten bzw. in unseren Verhältnissen untereinander diese Wirklichkeit verstellen, ja uns sogar »gegen das Leben entscheiden«, hebt dennoch zu keinem Augenblick die Aktualität des reinen Gabencharakters des Lebens auf. Dadurch wird uns auch nicht seinsgeschichtlich dieses oder jenes Seinsgeschick als Zeitlichkeit oder Geschichtlichkeit zu-geschickt, um unter solch besonderen hermeneutischen Umständen Sein je zu »verstehen«, indem wir unser Dasein – stets um dieses be-sorgt – »auslegen«, sondern im Kern eines jeden so scheinbar gewährten »Ge-schicks« berühren wir das Leben selbst, indem es uns zuallererst berührt. Die Frage nach einer möglichen »Welthingabe« auf dem Grund der Lebensgabe kann daher nicht mehr bedeuten, der Welt etwas Besonderes geben zu wollen, sondern die Welt mit ihren vielfältigen oder differenzierten Bezügen selbst in dieses Leben, welches je *mich* affiziert, ohne Einschränkung hineinzunehmen. Damit erfährt die fundamentalontologische Hermeneutik im Sinne Heideggers eine prinzipielle Umkehrung: Nicht die Offenheit des Seins lässt das Leben »weltlich gesäumt« sein (zit. Sepp/Yamaguchi 2006, 67 ff.), sondern die Welt als mein In-der-Welt-sein ek-sistiert nur dank der durch nichts zerstörbaren Lebensgabe, insofern seine Mächtigkeit die Ohnmacht ist, sich nicht – sich selbst und mir – verweigern zu können.

In Formulierungen wie »Bündnis mit dem Leben« oder »sein Fleisch dem Leben leihen« hatten wir dieses Verhältnis von Lebensgabe/Welthingabe schon des Öfteren angesprochen, um hier grundsätzlich hervorzuheben, dass die lebensphilosophisch oder hermeneutisch beschworenen »Selbstdifferenzierungen« des Lebens keine Ent-Faltungen sind, welche das phänomenale Hervortreten der Welt widerspiegeln und konkretisieren. Vielmehr ist die je rein »affektive Differenz« des immanenten Lebens als innere Individuierung jenes originäre Geschehen, um in der *Kraft* solcher Ur-Affektion die Weltstrukturen als zeitliche wie existentielle Vorzeichnungen vollziehen zu können. Denn die Sinnesgegebenheiten (in) der Welt, die Farben und Formen ihrer vor-handenen Gegenstände sowie auch alle Situationen eines umweltlichen Mitseins der Zu-handenheiten als »Zeug«, »gibt es« nur, weil sich sämtliche Weltweisen auf eine innerste Bewegtheit oder Affektion des *lebendigen* Vollzugs zurückführen. In diesem Sinne sagten wir oben schon, dass die Welt *keiner besonderen Gabe* bedarf, etwa Frieden, Reichtum, Fortschritt usw. als *einzelne* (ethische) Zielabsichten unseres Handelns, sondern im Grunde das *Vollziehen-lassen* des reinen Sich-gebens des Lebens ausreichend ist. Denn in der inneren Praxis dieses Vollzugs »weiß« das Leben immer schon, wessen es bedarf, um das Leben zu sein und es bleiben zu können, ohne Abstriche zu erfahren.

Nehme ich diese originärste Verknüpfung von Leben/Welt in der Kraft oder Selbstbewegtheit des Lebens ernst, dann »bin« ich an keinem anderen »Ort« als an dieser ständigen

Entstehung und Bereicherung von Welt als *genesis*. Das Weltsein tritt dann nicht mit Forderungen wie Verwirklichung der Vernunft, Effizienz, Eigentlichkeit oder Geschichtsoffenheit an mich heran, welche letztlich alle noch idealistisches Erbe verraten, sondern im reinen Empfinden als Weise des Ankünftigwerdens des Lebens ent-scheidet sich ebenfalls »Welt«: Ich kann die jeweiligen Eindrücke und Gefühle in der Macht ihrer »Beeindruckung« als Abgründigkeit wie Offenheit auf das Absolute des Lebens hin für meine – eng be-sorgten – eigenen oder fremden Zwecke »benutzen« oder mich in das hineingestellt sein lassen, was das Sosein des Lebens in meinem Empfinden als Weise des »Seins« jeweils ankündigt. Die affektive oder sinnliche Impression als ältester Weltboden im Selbstwollen des absolut gewährten Lebens ist dann sowohl reinste Originarität der Lebensgabe wie der darin sich abzeichnenden Weltgabe. Es bedarf keiner weiteren vermittelnden Instanz zwischen ihnen, etwa des oben erwähnten geschichtlichen Verstehens und Auslegens meiner scheinbar vorgegebenen Seinsbezüge aus deren epochalem »Vorverständnis« heraus, seien es Idee, Wille oder Cogito, um »authentisch« zu wissen, was zu tun ist. In der Unmittelbarkeit der reinen Lebensgabe spricht ohne jeden verfremdeten Horizontverweis das selbstaffektive »Wort des Lebens«, welches keine Interpretation benötigt, um offenkundigste Gewissheit des Tuns zu sein. Und erstellt sich Welt nur in der leiblichen Widerständigkeit der Anstrengung, dann ist mit dieser passiv-aktiven Gewissheit die Gabe des Lebens auch zugleich Gabe für die Welt – nämlich als unverzichtbares »Weltgefühl« zunächst, worauf alles Weitere aufbauen kann.

Damit sind *Welt* und *Leben* schließlich nicht zwei Gaben, sondern eine *einzige*, was erklärt, warum auch »Weltgefühl« und »Lebensgefühl« ein und dasselbe sein können, nämlich der Vollzug einer Existenz, in der keine Affektion der anderen fremd sein muss, weil alle zum *lebendigen Erscheinen* einer

Welt beitragen. Die Dankbarkeit gegenüber dem Leben, welche sich durch das gefühlte Einsseins mit der Welt einstellt, verweist dann darauf, dass solche Vereinigung nicht rational zu erreichen ist, da solche Dankbarkeit gegenüber Welt und Leben als Einheit zugleich dem Gefühl größter Einfachheit und Unmittelbarkeit selbst entspricht – der »Zuneigung« der Dinge, ohne gewalttätig über sie verfügen zu müssen.

Zum Ausklang

Das öfters erwähnte Gefühl *des* Absoluten impliziert keinen *genitivus objectivus,* sondern das Gefühl als solches ist *das* Absolute, insofern sich in ihm jene Lebensrealität gibt, welche nichts Anderes mehr benötigt, um zu sein. Vor jeder *Manifestation* von Horizont und Erscheinungen des Seienden findet daher eine *Offenbarung* des Lebens an sich selbst in sich selbst statt, wobei dieser Begriff der Offenbarung die andere Phänomenalitätsweise des ursprünglichen *Lebens* charakterisieren soll, welche eben niemals in das Außen irgendeiner *Welt* eintritt, aber auch keine explizite Theologie zur Voraussetzung hat. Vielmehr verbleibt diese Offenbarung als absolute rein in sich, indem sie *sich selbst* entgegennimmt und sich durch diese Relation ihrer selbst von Geben und Empfangen in ihrem Eigenwesen affiziert. Diese zeitlose Selbst- oder Lebensaffizierung ist mithin das oben erwähnte *Absolute,* weil es zum einen keiner weiteren Vermittlung eines Anderen mehr bedarf und zum anderen als reine Selbstaffizierung seiner selbst jene originäre Affektivität ausmacht, welche in allen Einzelaffektionen durch Dinge oder Ideen unabdingbar vorausgesetzt ist. Wenn ausschließlich hierfür lebensphänomenologisch der Begriff der »Offenbarung« Verwendung findet, dann darf dies jedoch nicht so missverstanden werden, als gelangten wir auf einem regressiven Denkweg zu einem letzten Begriff des Lebens als Offenbarung. Vielmehr bezeichnet dieser Begriff eine *Realität,* die von keinem logischen oder dialektischen Denken gesetzt wird, sondern jede Erfahrung als originäre Selbstgebung trägt, indem sie diese affiziert sein lässt. Damit sind auch alle anderweitigen Gefühlsbestimmungen an ihren Platz einer psychologischen Phänomenologie im besten Sinne verwiesen, sofern sie nicht das *Gefühl als Offenbarung des Absoluten* selbst gelten lassen, sondern nur eine körperliche oder intentionale Erfahrung zur Kenntnis nehmen wollen, die weiterhin im Bereich der Weltphänomenalität operiert.

Im Absoluten des Gefühls und als dessen Absolutheit selbst offenbart sich mithin, was sich in keiner Welt offenbart (auch in keiner so genannten seelischen »Innenwelt«), nämlich jene ungeheuerliche Weise, *zu empfinden,* wer wir sind – mit anderen Worten lebendige Wesen zu sein, welche sich von allen anderen Gegenständlichkeiten reeller oder virtueller Natur unterscheiden. Denn das Selbstempfinden, welches kein besonderes oder einzelnes Gefühl ist, sondern jene apriorische Weise, sich überhaupt als »lebendig« empfinden zu können, ist die absolute Offenbarung des Lebens insofern, wie sich das Leben untrennbar an sich selbst bindet. Und da es keinerlei Trennung in sich folglich kennt, gibt es in ihm auch weder Distanz noch Transzendenz oder Differenz, welche allein die phänomenologischen Grundkategorien des Welterscheinens sind. Diese reine Selbständigkeit als Unsichtbarkeit des Lebens (sofern es eben in *keiner* Welt erscheint) besagt ontologisch daraufhin ebenfalls seine Einfachheit wie Unmittelbarkeit und damit seine Identität mit sich selbst, welche sich auf gleiche Weise im Gefühl bezeugen: Auch dieses kennt nur sich selbst ohne Vermittlung einer Fremdaffektion und spricht sich in solcher Einheit mit sich selbst als das aus, was es ist, nämlich reines Fühlen in der ausschließlich affektiven *Passibilität* seiner selbst zu sein. Dass wir Gefühle in ihrem Sosein unhintergehbar »erleiden« müssen, ist daher keiner psychologischen Kontingenz als Endlichkeit oder einer organischen (genvernetzten, neuronalen) Körperunterworfenheit zu verdanken, sondern in der inneren Passibilität jeden Gefühls »spricht« unmittelbar das Absolute selbst, insofern dieses Absolute jenem »Übermaß« angehört, welches im Schmerz wie in der Freude zum Ausdruck kommt, insofern sie sich auf nichts Welthaftes festlegen lassen. Dass hierbei die *originäre* Leiblichkeit keineswegs vergessen ist, sondern gerade in der absoluten Relation von Leben/Leib als *Fleischlichkeit* gegründet ist, wurde des Öfteren ebenfalls angesprochen. In diesem Sinne ist der hier gebrauchte Begriff des Absoluten daher stets ein *inkarniert* Absolutes, welches als phänomenologisches Selbsterscheinen des Erscheinens alle Seinsmanifestationen eben grundsätzlich affektiv-leiblich bestimmt sein lässt (Henry 2002, 149 ff.).

Verweilen wir in dieser radikal phänomenologischen Einklammerung, wie sie radikaler nicht möglich ist, dann verweilen wir folglich in der reinen Sphäre der Immanenz als Affektivität, welche die Weise der Offenbarung des Absoluten in *jedem* Gefühl bedeutet. Gerade davon lenkt uns die Alltagserfahrung zunächst ab, weil sie als solche der sorgenden Horizontstruktur unterworfen ist, das heißt der Zeitlichkeit mit all ihren wechselnden Projekten und Absichten. Das Verweilen im Absoluten beinhaltet allerdings kein Gegenüberstellen von Ruhen und Aktivität, denn insofern wir uns hier im reinen Bereich des sich originär offenbarenden Lebens schlechthin aufhalten, ist *jede* Weise der Existenz davon umfangen. Das Ruhen im Absoluten, bzw. das Sichgeben des Absoluten in all unserem Tun und Denken, ist dann nämlich eine immerwährend innere *Praxis,* die an jeder Stelle ihres affektiven Vollzugs das Hineinversetztsein in das Absolute als das Anströmen seiner Selbstgebung im rein passiblen »Mich« ermöglicht. Dieses Mich ist dann nichts anderes als die Weise des Absoluten selbst, uns als lebendig Empfindende zu affizieren, und zwar dergestalt, dass wir für immer an diese unsere »Subjektivität« als immanente Sinnlichkeit gebunden sind. Eine *Ip-*

seität zu sein, bedeutet demzufolge mit anderen Worten, dass Subjektivität und Absolutes in ihrer Verbindung so gegeben sind, dass die Subjektivität stets das »Hören« des inneren oder affektiven Wortes des Absoluten beinhaltet.

Ohne Unterlass dieses Wort des Absoluten zu hören, indem wir uns selbst als subjektiv Lebendige erfahren, schließt eine nie fehlende *Historialität* des Absoluten ein. Denn wenn zu keinem Augenblick unsere je individuelle Ipseität aus der absoluten Lebensaffektion heraustritt, so beinhaltet diese Ununterbrochenheit des Gezeugtwerdens im Leben eine historiale Selbstmitteilung des Absoluten als jenes Wortes, welches »im Anfang bei Gott« war, wie es im Prolog des Johannesevangeliums heißt. *Anfang, Wort, Gott* und *»Bei-sein«* als *»Sohnsein im Fleisch«*, wie es in denselben Versen dieses phänomenologisch beispiellosen Textes lautet, sind mithin Aussagen, die uns nicht nur zu jedem Augenblick als Wahrheit des Erscheinens schlechthin betreffen, sondern auch die ganze Tiefe wie Weite jenes *Gottesgefühls als Offenbarung* umspannen, dem wir hier als Besinnung zum Schluss noch nachspüren wollen. Der namentliche Übergang vom *Absoluten* zu *Gott* besagt hierbei im Grunde nichts Neues in Bezug auf die Wirklichkeit des Absoluten als letzte Realität aller Phänomenalisierung. Nur verbinden wir mit dem Namen »Gott« eher sein »Sprechen zu den Menschen« durch Schrift und Tradition, während das »Absolute« in der Vergangenheit unserer Geistesgeschichte oftmals nur als ein onto-theologisches Prinzip der Metaphysik verstanden wurde. Insofern wir jedoch das Absolute als jene ur-wirkmächtige Realität auffassen, welche in ihrer immanenten Selbstoffenbarung das *Wort* der affektiven Historialisierung durch die Passibilität von Schmerz und Freude hindurch spricht, haben wir es gerade nicht mit einem a-pathischen »unbewegten Beweger« (Aristoteles) oder einer logischen *ultima ratio* bzw. *causa sui* (Leibniz) zu tun, sondern mit einem »Gott der Lebendigen«, wie er seit Abraham mit der jüdisch-christlichen Tradition bezeugt ist und hier in seiner phänomenologischen Affinität aufgegriffen wird.

Das Gefühl zum Ort der Offenbarung Gottes als des absoluten Grundes aller Realität zu machen, bedeutet sodann des Weiteren auch nicht, etwa ein besonderes Gefühl wie das der Abhängigkeit oder des Faszinosums und Tremendums – wie bei Friedrich Schleiermacher und Rudolf Otto – zum Kern des affektiven Offenbarungsgeschehens in der menschlichen Seele zu erheben. Vielmehr offenbart sich Gott auf absolute Weise dergestalt in *jedem* Gefühl, *dass wir in diesem an uns selbst gegeben werden,* so dass die radikal phänomenologische oder passible Weise dieses Uns-selbst-gegeben-seins das Absolute im »Werden« unserer Ipseität selbst einschließt. Denn jedes Gefühl ist die Bestimmung eines solchen Sich aus der absoluten Lebensaffizierung heraus, wodurch das Sich-selbst-fühlen nur im Gefühl des Absoluten als immanente Realität des Sich möglich ist. *»Gott fühlen« ist daher schließlich mit dem Selbstfühlen identisch,* denn jedes Gefühl als ein solches Sich-selbst-empfinden ist nur in der immanenten Erprobung des je gegebenen Gefühls als eines *Sich*-selbst-erprobens gegeben, das heißt in jener absoluten Lebendigkeit, welche als Geburt unserer selbst im Leben nur reine Passibilität zu sein vermag. Diese Passibilität kennzeichnet zwar eine prinzipielle *Endlichkeit* des Sich, nämlich nicht aus sich selbst heraus durch eigene Macht gesetzt zu sein, aber das Wesen dieser Endlichkeit ist eben nicht irgendein psychologisches oder hermeneutisches Abhängigkeitsgefühl, sondern die immanente Grunderfahrung des »Ich kann« im Pathos des Passiblen selbst: in allen Akten vom Gefühl der Lebendigkeit eines Vollzugs getragen zu sein, der unmittelbar aus der Lebensaffektion durch das Absolute und als Absolutes herrührt (Kühn 2003, 36 ff.).

Allein durch diese mich ermächtigende Passibilität bin ich zu keinem Augenblick und in keinem Tun von Gott getrennt, eben auch nicht in Schuld und Verzweiflung, da jede Gefühlsaffektion als ständige Lebensmodalisierung in uns jeweils zugleich ein »Gedächtnis« des Absoluten ohne Erinnerung darstellt. Indem ich nur in einer je bestimmten Lebensaffektion existieren kann, wodurch ich gleichzeitig meine Vorstellungen und Intentionen besitze, ist das Gefühl des Lebendigseins unmittelbar dieses »Gedächtnis« des Absoluten. Weil mein Lebensvollzug nur in der Unmittelbarkeit dieser immanenten Selbsterprobung des absoluten Lebens möglich ist, trifft das Wort Jesu als die Ur-Erfahrung aller Lebendigen zu, dass in solchem »Sohnsein« des Lebens »er und der Vater immer am Werk sind«. Dieses Werk Gottes ist das Wollen seines absoluten Lebens, dass *alle* das Leben haben, und zwar in *Fülle*. Diese Fülle kann kein äußeres Weltmaß als Vergleich besitzen, weil das absolute Leben keine Welterscheinung darstellt, sondern die Fülle ist identisch mit dem reinen Empfindenkönnen des Sich in seiner Subjektivität, weil diese in ihrer Erprobung von Passibilität/Können die Ur-Erfahrung des Lebens als Anfang und Ziel überhaupt ist: alles in Demjenigen zu vermögen, »der lebendig macht«. Über die Fülle solchen Erfahrenkönnens im Sich-selbst-empfinden durch die Lebensaffektion hinaus gibt es kein weiteres Erfahren, denn alle Erfahrung von lebenssteigernder »Fülle« ist nur in der originären Fülle des alles ermöglichenden Lebens gegeben und setzt dieses unabdingbar voraus.

Auf dieser Grundlage ist letztlich auch das *Weltgefühl* nicht vom Gottesgefühl getrennt, denn wenn die Weltintentionalitäten jeweils – bei all ihrer reichen Unterscheidung im Einzelnen – in der Selbstaffektion der Transzendenz ruhen, welche die absolute Existenzsphäre des Immanenten beinhaltet, dann sind »Fremdaffektion« und »Gottesgefühl« grundsätzlich miteinander verknüpft. Es handelt sich dabei weder um einen ethisch versöhnten Dualismus noch um einen ontologischen Parallelismus oder um eine Seinsanalogie (Thomas von Aquin, Spinoza, Malebranche, Kant), sondern jedes Gefühl, welches sich als thematisierte oder festgestellte Empfindung im Welthorizont ankündigt, geht auf das reine Leben der absoluten Affektivität zurück, die das immanente Eigenwesen des Absoluten oder Gottes ist. Diese »Duplizität« von Gefühl und Gefühltem, mithin von Leben und Welt, kann allerdings zu dem Anschein verführen, es gäbe nur die intentionalen Vorstellungs- und Weltinhalte mit ihrem Ausgangspunkt im Ego als ausschließlicher Konstitutionsmacht solcher Intentionalitäten. Aber jede Illusion ist immer nur möglich auf einer vorgegebenen Realität, weil die Illusion als solche nichts erschafft.

Die genannte – und hier absolut zu verstehende – Realität bricht sich unmissverständlich gegenüber solcher Illusion dort Bahn, wo immer diese Ego-Selbsttäuschung praktisch in Frage gestellt wird: im Ausgeliefertsein von Angst, Verzweiflung und Schuld wie aber auch in der ungeschuldeten Freude und Liebe. Dass *jedes* Gefühl zum Gottesgefühl zu werden vermag, kennzeichnet die Wahrheit der affektiven Historialität des Absoluten, welche allein den »Übergang« von Schmerz in Freude erlaubt, insofern im Erleiden des Lebens dessen Freude über sein Gegebensein zugleich mitanwesend ist. In diesem Sinne ist das »Gottesgefühl« als Historialität des Absoluten nicht nur in jedem unserer Gefühle mitgegeben, sondern vielmehr sogar in deren kleinster Modalisierung als jener »Übergang«, der oft kaum vernehmbar wird, weil er ähnlich dem »leichten Säuseln« im Rücken des Propheten Elias ist – nicht Manifestation der Epiphanie Jahwes in den gewaltigen Weltzeichen von Wolke und Feuersäule, sondern im »Nichts« der noch nicht identifizierten Bedeutungen. Denn »zwischen« zwei Gefühlen im Schweigen ihres Werdens vollzieht sich das *Größtmögliche* überhaupt – die innere lebendige Affektion des Absoluten als unsere Verlebendigung ohne Mangel und Verfall. Im scheinbar Geringsten solcher Ein-Färbungen als affektivem »Übergang« besitzen wir daher *Alles*.

Literatur

Aristoteles, Über die Seele (Werke 13). Berlin: Akademie Verlag 1994.
Jacques Derrida, Le toucher, Jean-Luc Nancy. Paris: Galilé 2000.
René Descartes, Die Leidenschaften der Seele. Hamburg: Meiner 1976.
Johann Gottlieb Fichte, Die Anweisung zum seligen Leben, oder auch Religionslehre. Hamburg: Meiner, 4. Aufl. 1994.
Martin Heidegger, Sein und Zeit. Tübingen: Niemeyer, 11. Aufl. 1967.
–, Zur Sache des Denkens. Tübingen: Niemeyer, 3. Aufl. 1988.
Michel Henry, Die Barbarei. Eine phänomenologische Kulturkritik. Freiburg/München: Alber 1994.
–, »Ich bin die Wahrheit«. Für eine Philosophie des Christentums. Freiburg/München: Alber 1997.
–, Inkarnation. Eine Philosophie des Fleisches. Freiburg/München: Alber 2002.
–, Affekt und Subjektivität. Lebensphänomenologische Beiträge zur Psychologie und zum Wesen des Menschen. Freiburg/München: Alber 2005.
David Hume, Eine Untersuchung über den menschlichen Verstand. Hamburg: Meiner 1973.
Edmund Husserl, Erfahrung und Urteil. Untersuchungen zur Genealogie der Logik. Hamburg: Meiner, 6. verb. Aufl. 1985.
Immanuel Kant, Kritik der Urteilskraft (1790). Kants Werke Akademie Textausgabe Band V. Berlin: Walter de Gruyter 1968.
–, Anthropologie in pragmatischer Hinsicht (1798). Kants Werke Akademietextausgabe Band VII. Berlin: De Gruyter 1969.
Sören Kierkegaard, Der Begriff Angst. Vorworte (Gesammelte Werke, 11 u. 12. Abteilung). Gütersloh: Mohn 1983.
Rolf Kühn, Geburt in Gott. Religion, Metaphysik, Mystik und Phänomenologie. Freiburg/München: Alber 2003.
–, Anfang und Vergessen. Phänomenologische Lektüre des deutschen Idealismus – Fichte, Schelling, Hegel. Stuttgart: Kohlhammer 2004.

Gottfried Wilhelm Leibniz, Principes de la philosophie ou Monadologie (Hg. André Robinet). Paris: PUF 1954.

Emmanuel Lévinas, Die Spur des Anderen. Untersuchungen zur Phänomenologie und Sozialphilosophie. Freiburg/München: Alber 1992.

–, Jenseits des Seins oder anders als Sein geschieht. Freiburg/München: Alber 1993.

Pierre Maine de Biran, Von der unmittelbaren Apperzeption (Berliner Preisschrift 1807). Freiburg/München: Alber 2008.

Meister Eckhart, Deutsche Predigten und Traktate (Hg. J. Quint). München: Diogenes 1979.

Friedrich Nietzsche, Werke in drei Bänden (Hg. K. Schlechta). München: Hanser 1973.

Platon, Philebos (Werke griechisch u. deutsch Band 7). Darmstadt: Wissenschaftl. Buchgesellschaft 1972.

Max Scheler, Der Formalismus in der Ethik und die formale Wertethik. Neuer Versuch der Grundlegung eines ethischen Personalismus (Gesammelte Werke Band 2). Bern/München: Francke Verlag, 6. durchges. Aufl. 1980.

Friedrich Wilhelm Joseph Schelling, Philosophische Untersuchungen über das Wesen der menschlichen Freiheit und die damit zusammenhängenden Gegenstände (1809). Darmstadt: Wissenschaftl. Buchgesellschaft 1997.

Hans Rainer Sepp u. Ichiro Yamaguchi (Hg.), Leben als Phänomen. Die Freiburger Phänomenologie im Ost-West-Dialog. Würzburg: Königshausen & Neumann 2006.

Simone Weil, Das Unglück und die Gottesliebe. München: Kösel 1961.